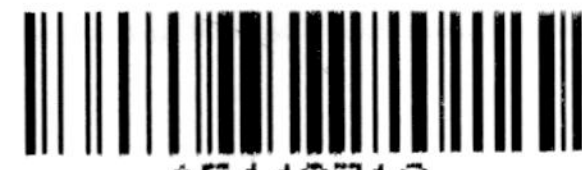

AF442718

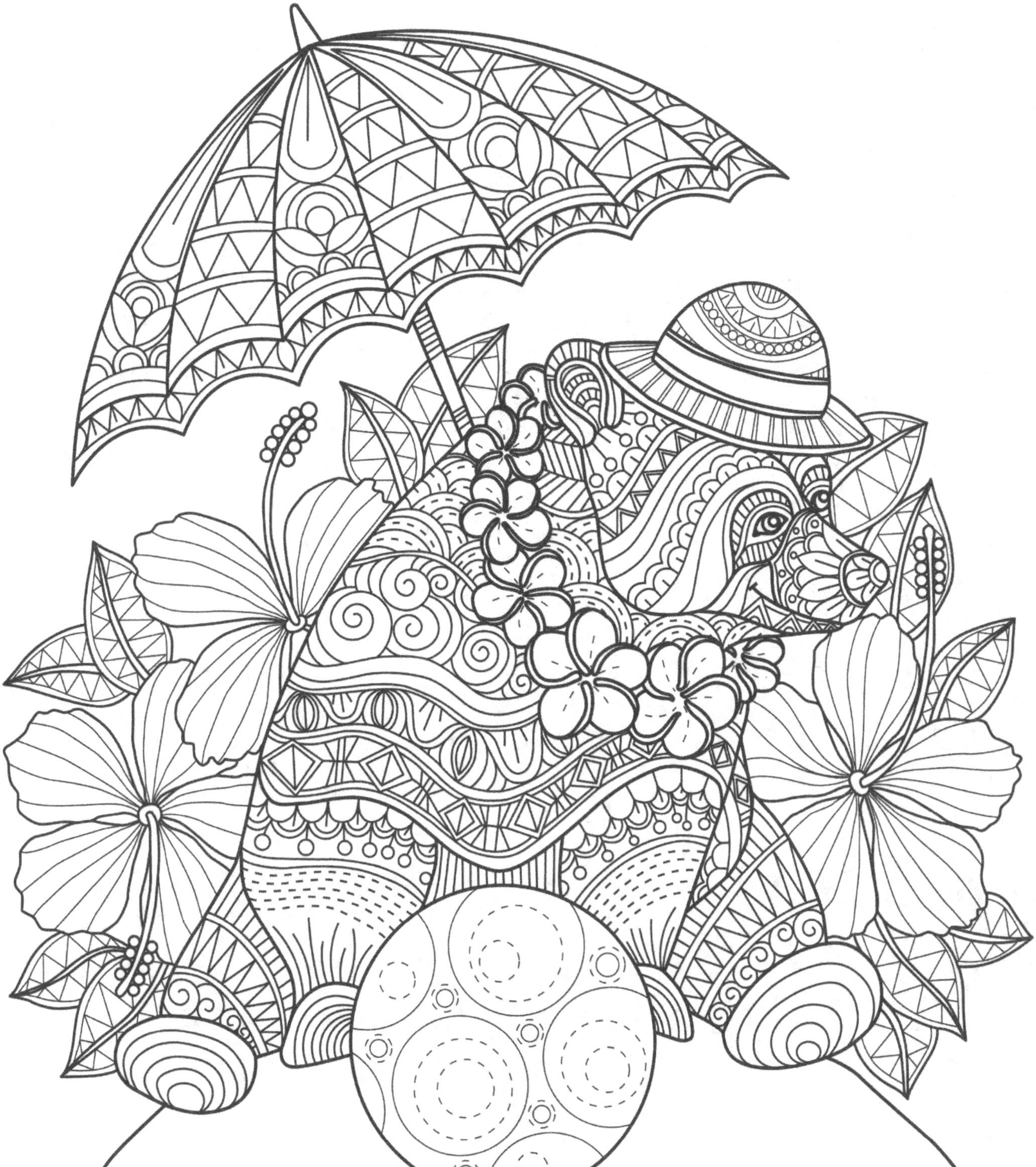

Animaux et Fleurs

Un Magnifique Livre de Coloriage pour Adultes

Anti-stress

Kh. EL.

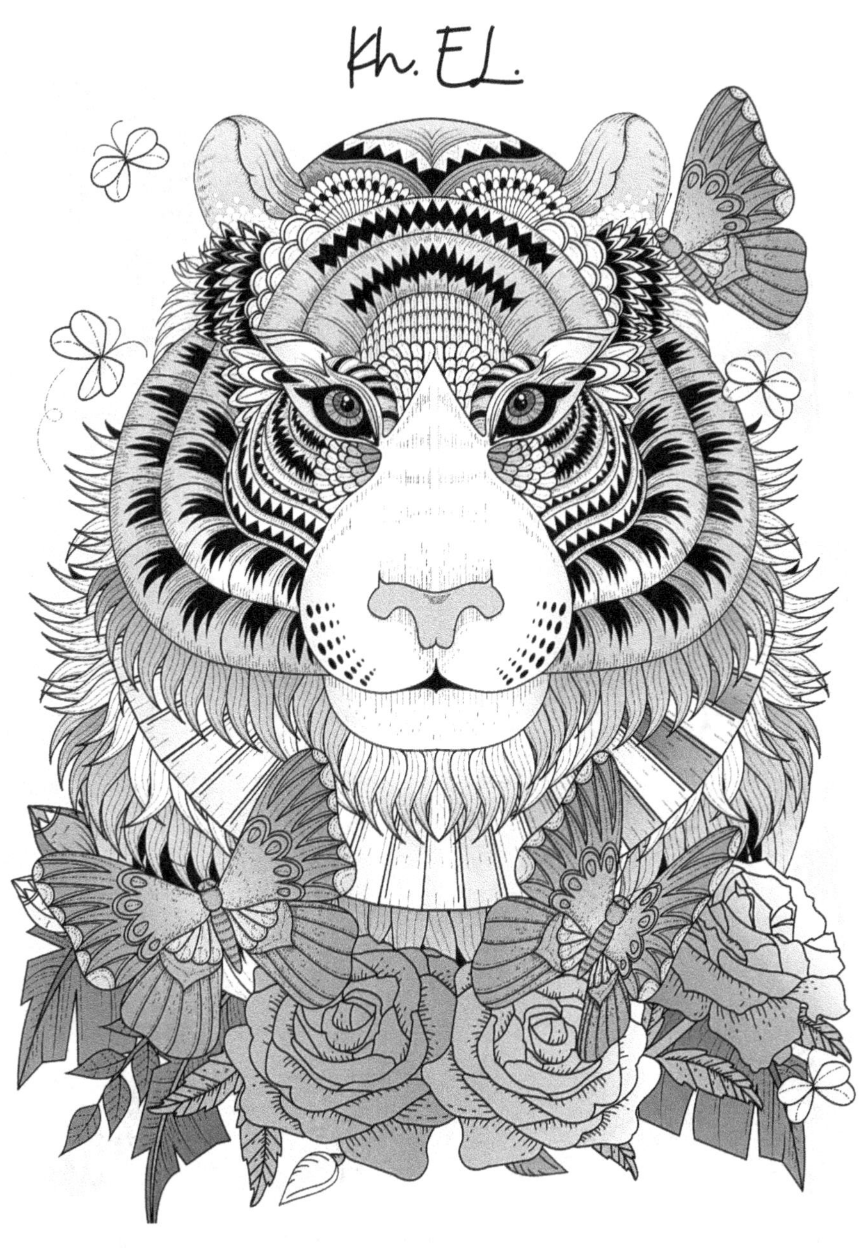

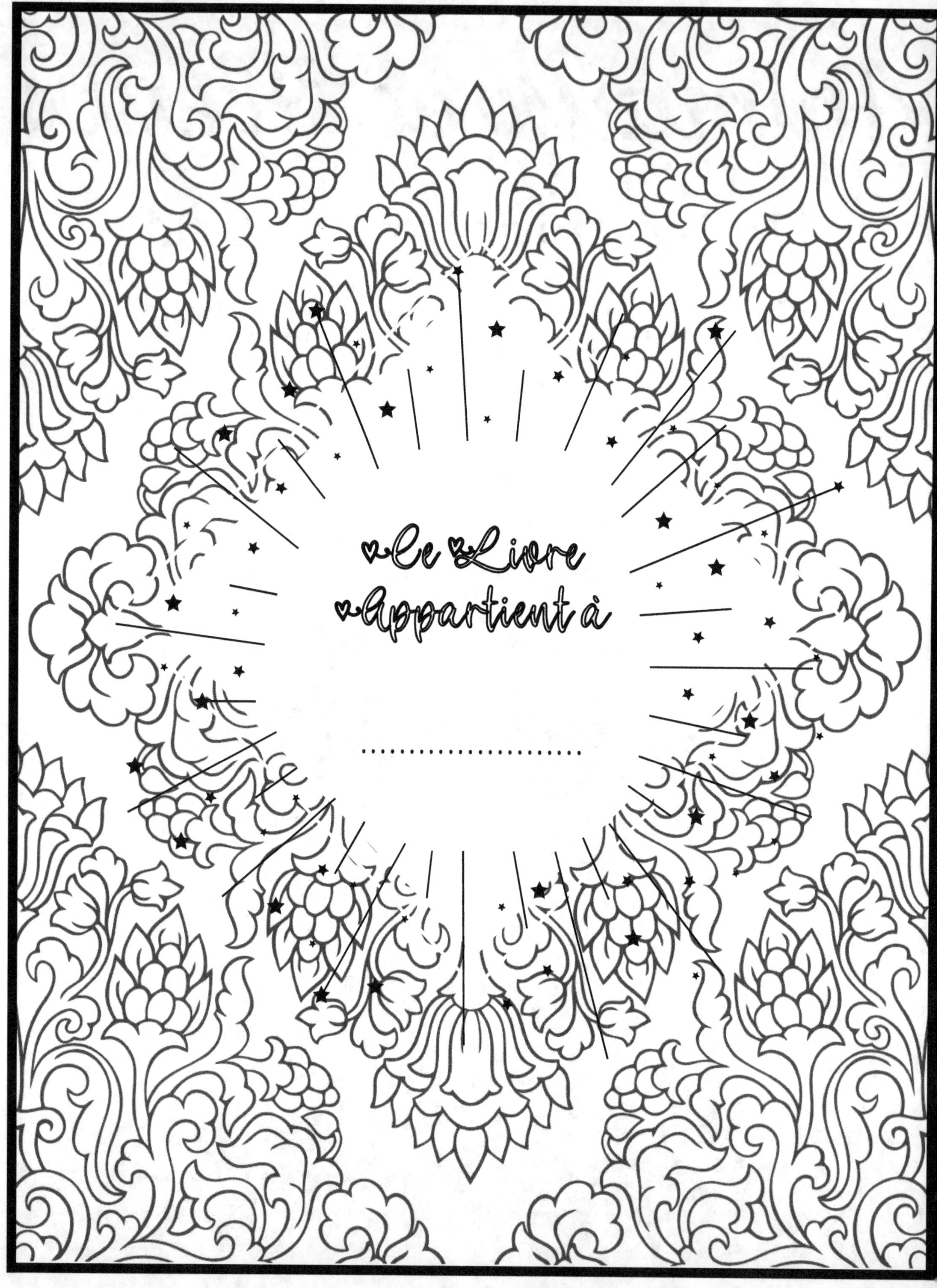
Ce Livre
appartient à
....

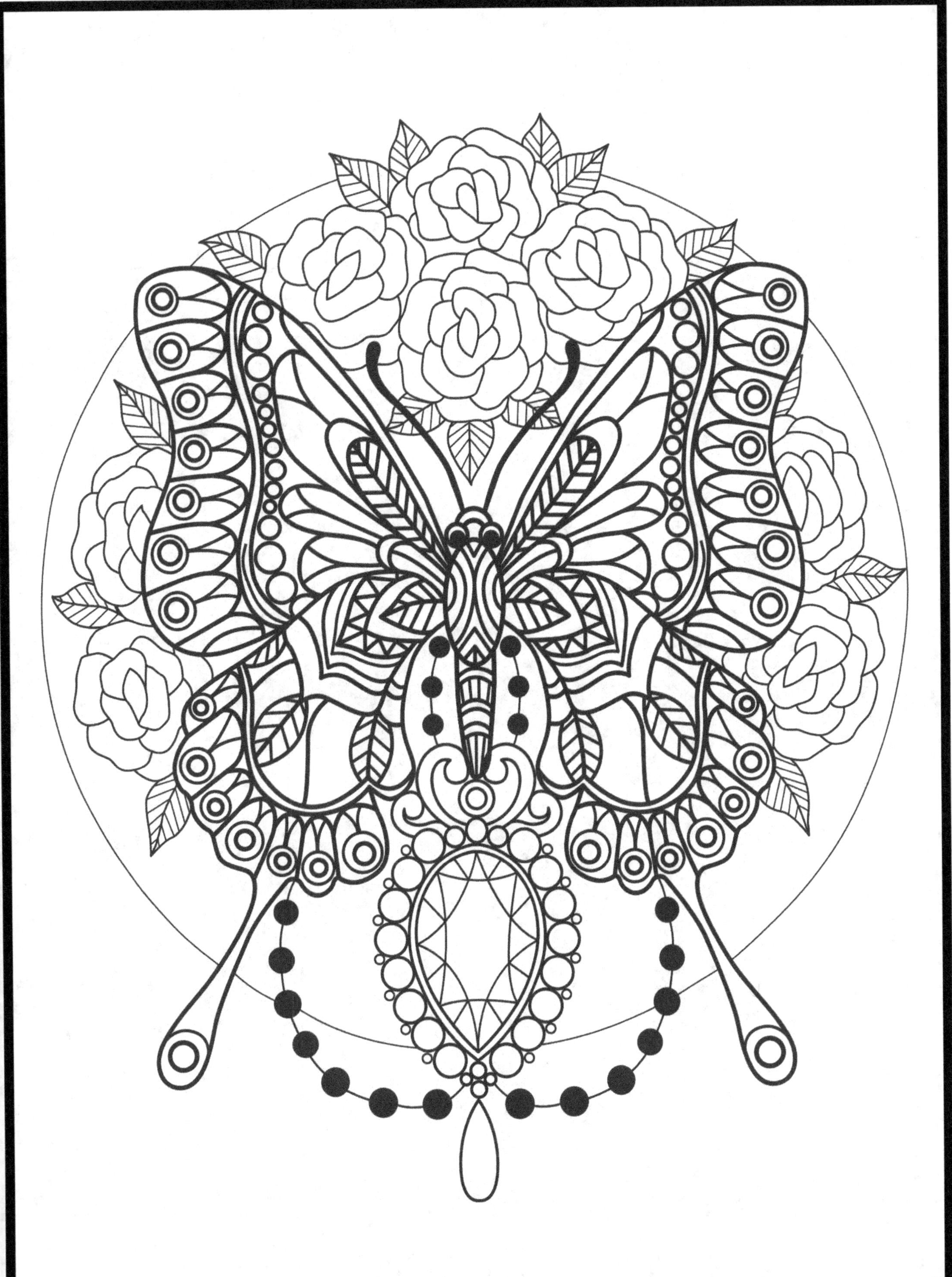

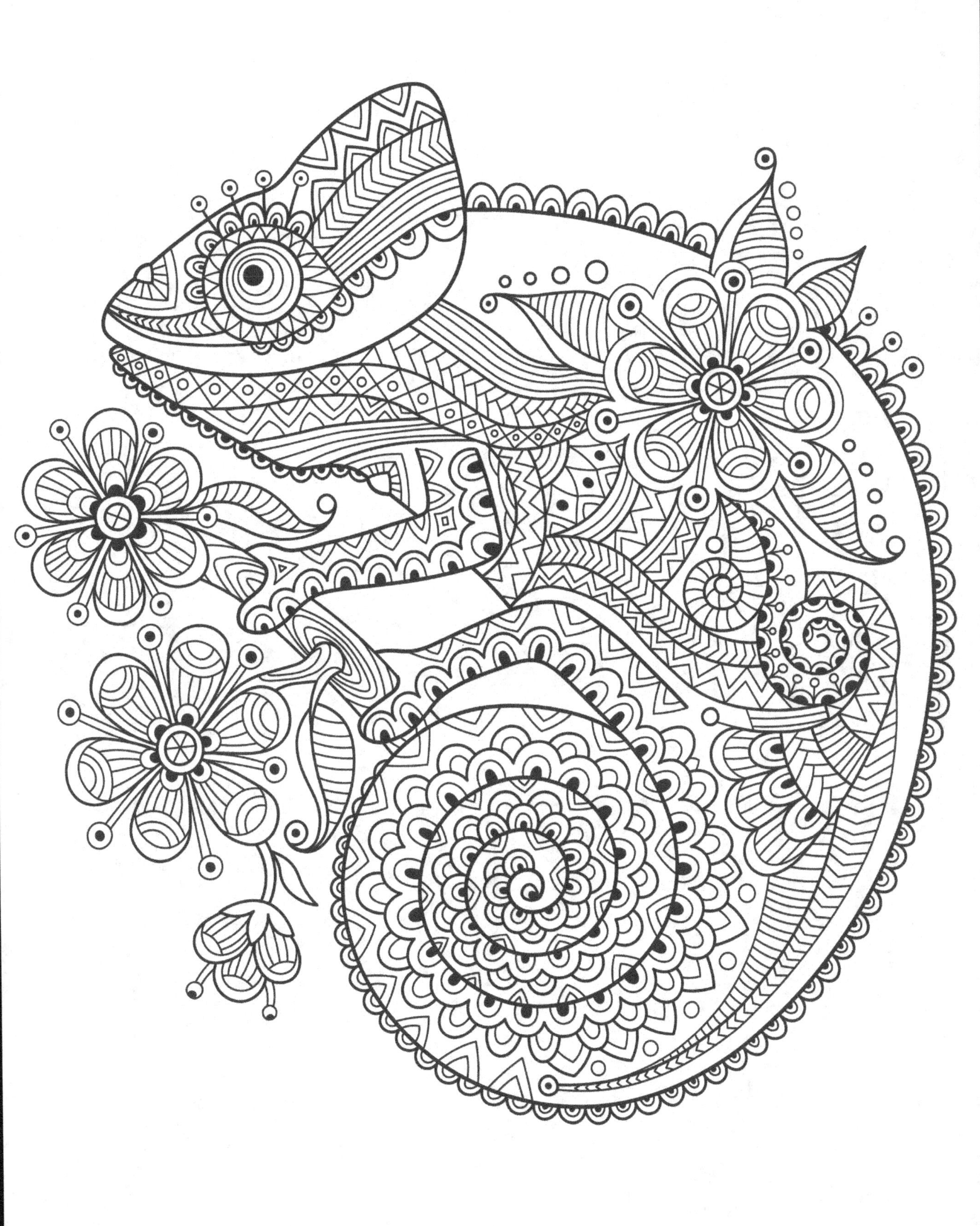

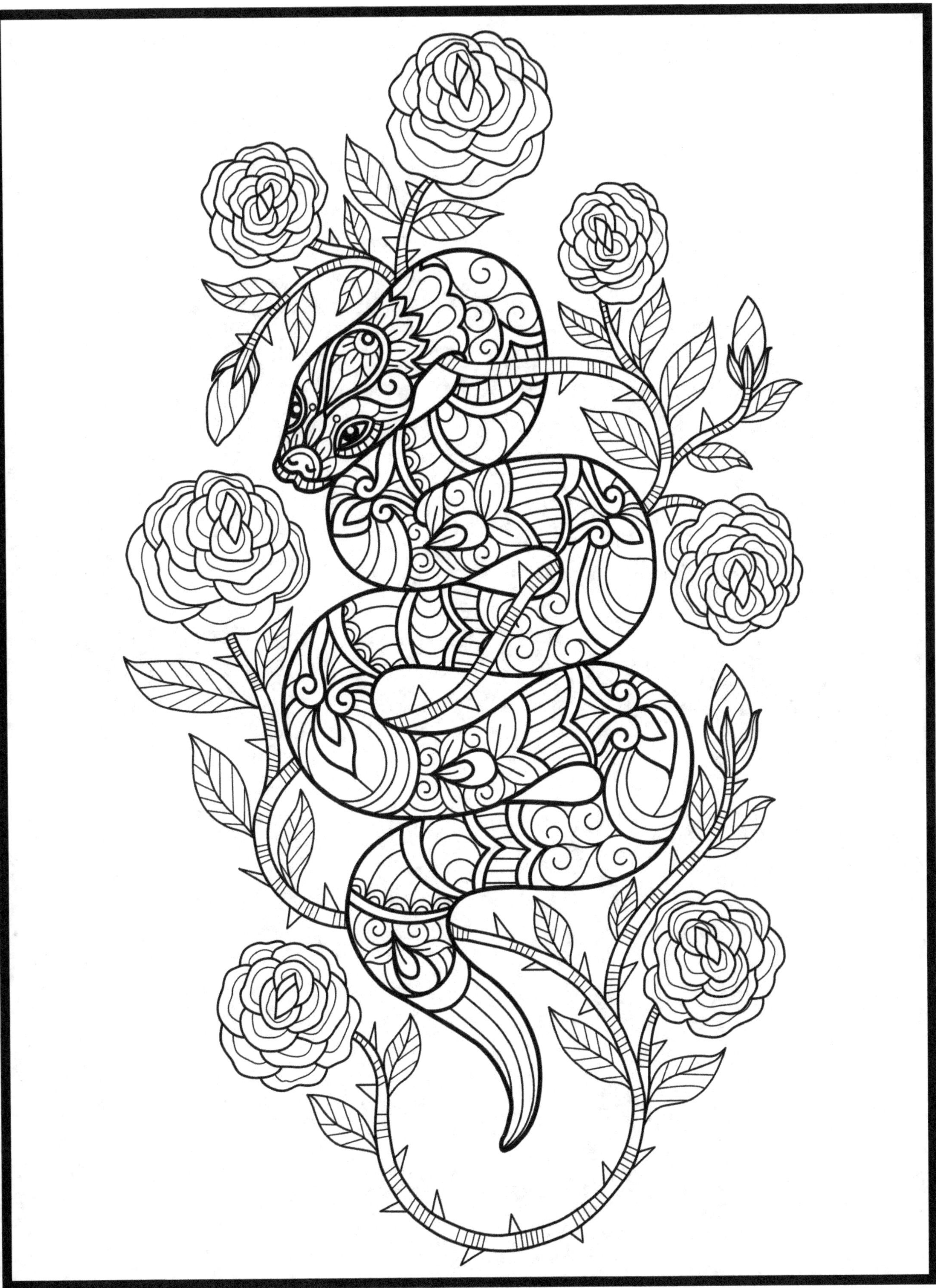

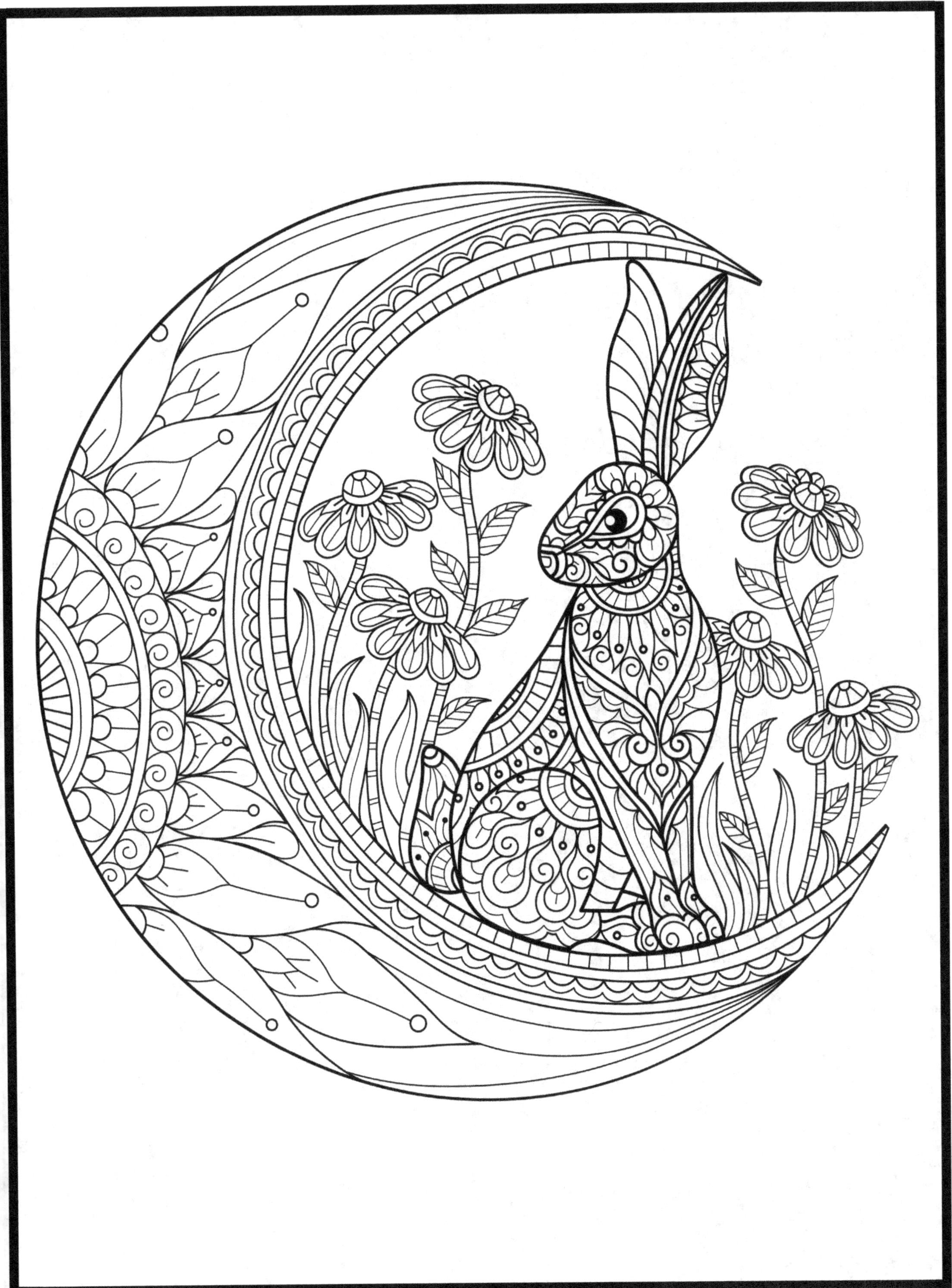

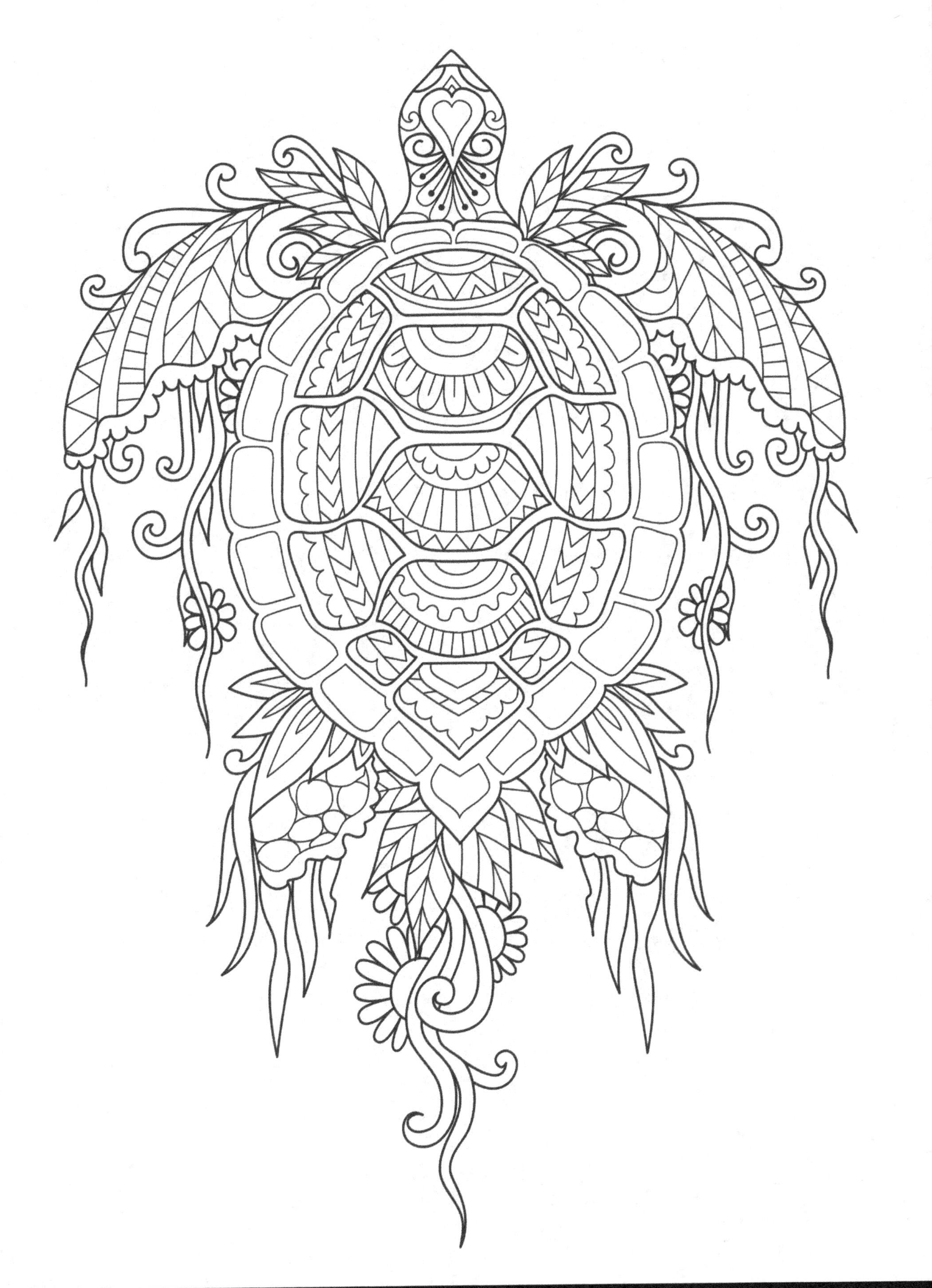

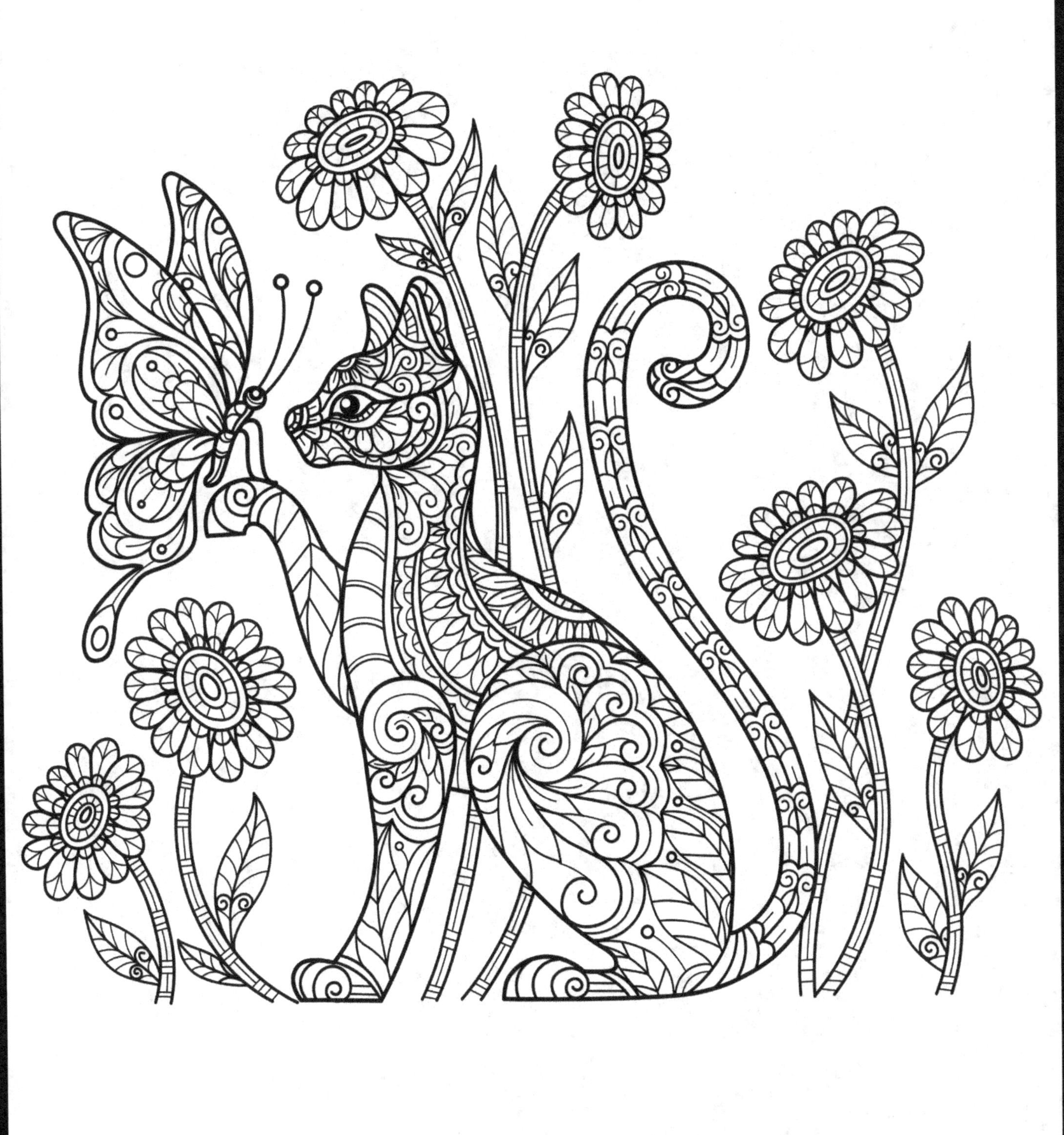

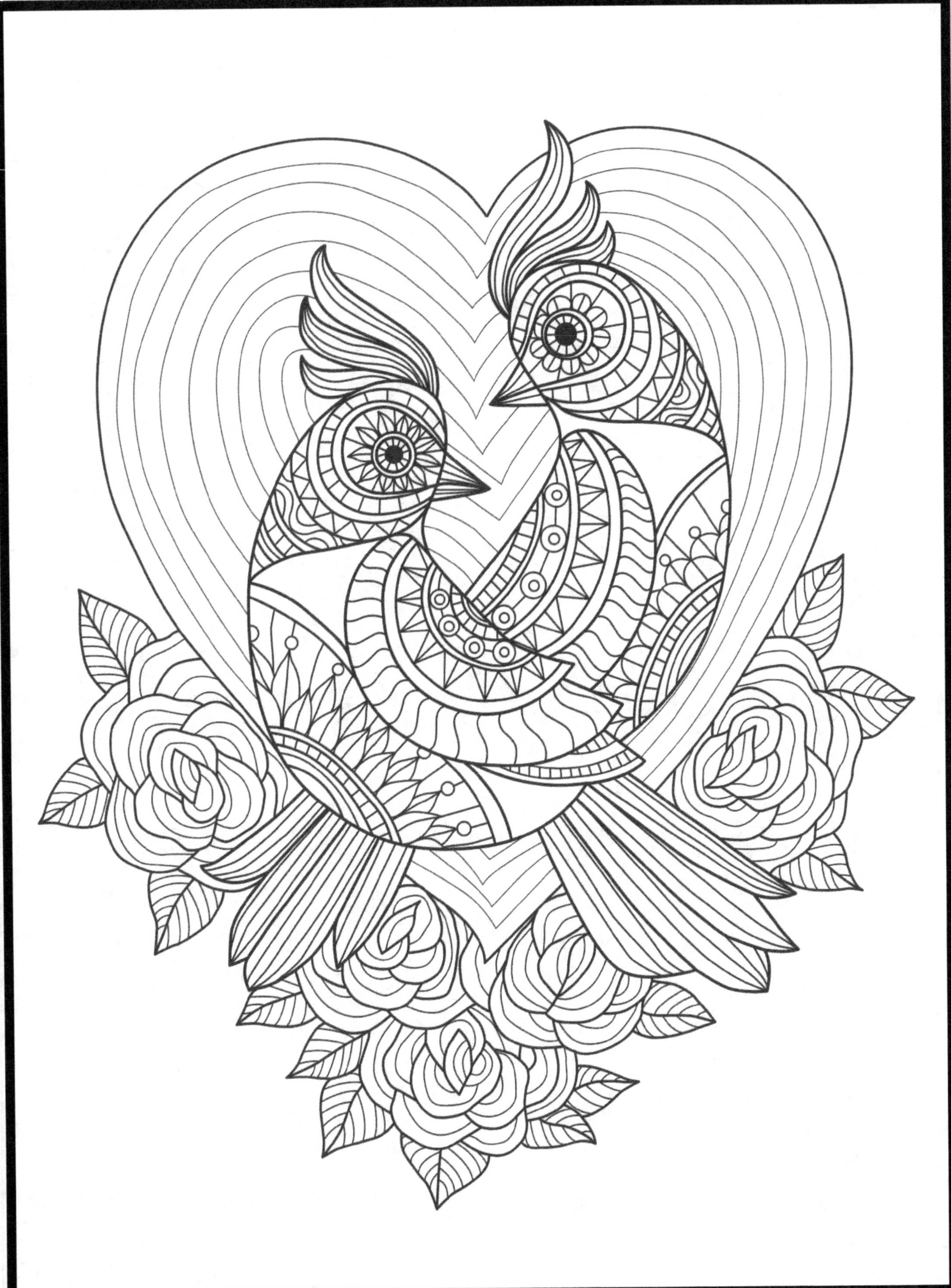

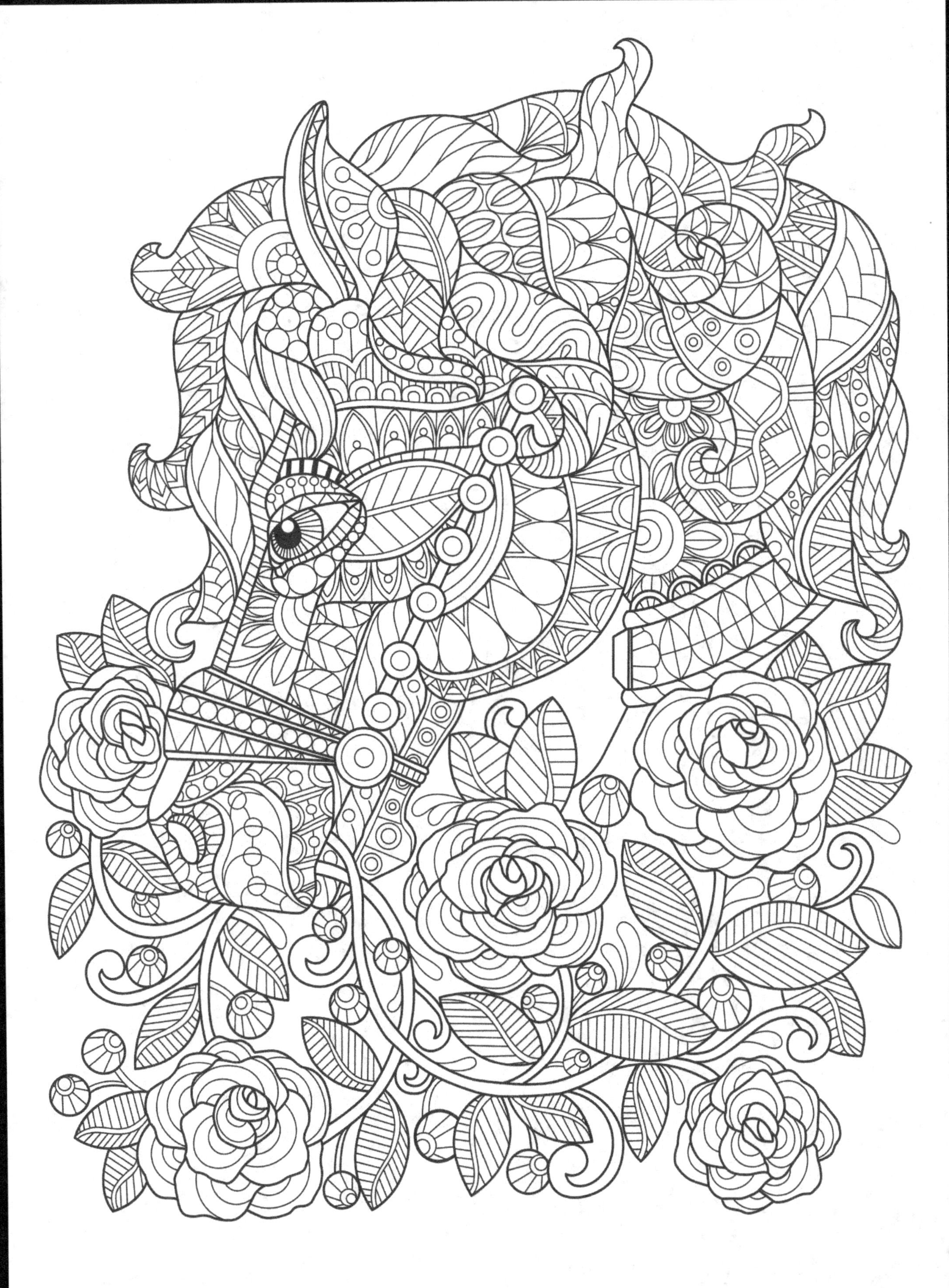

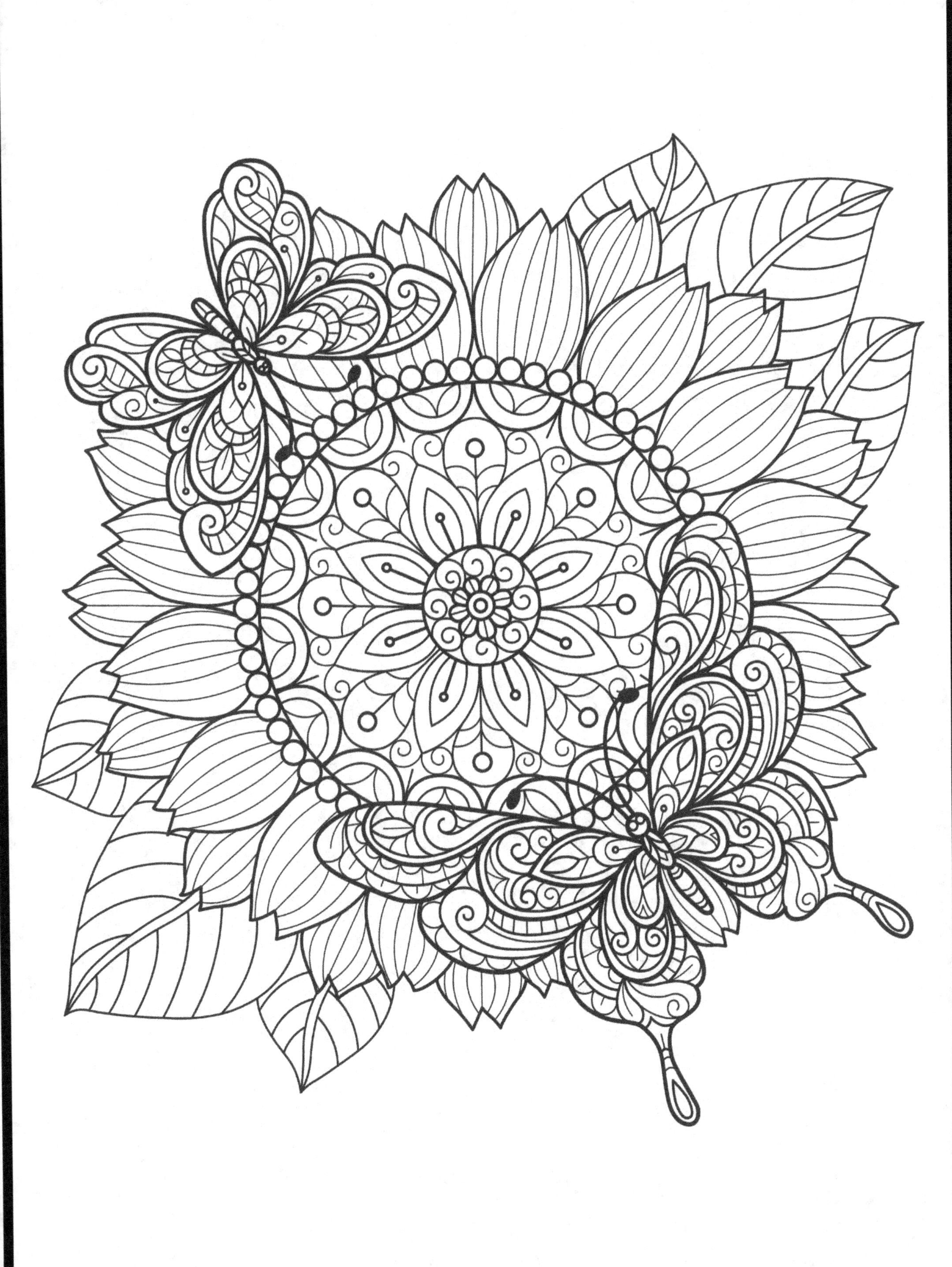

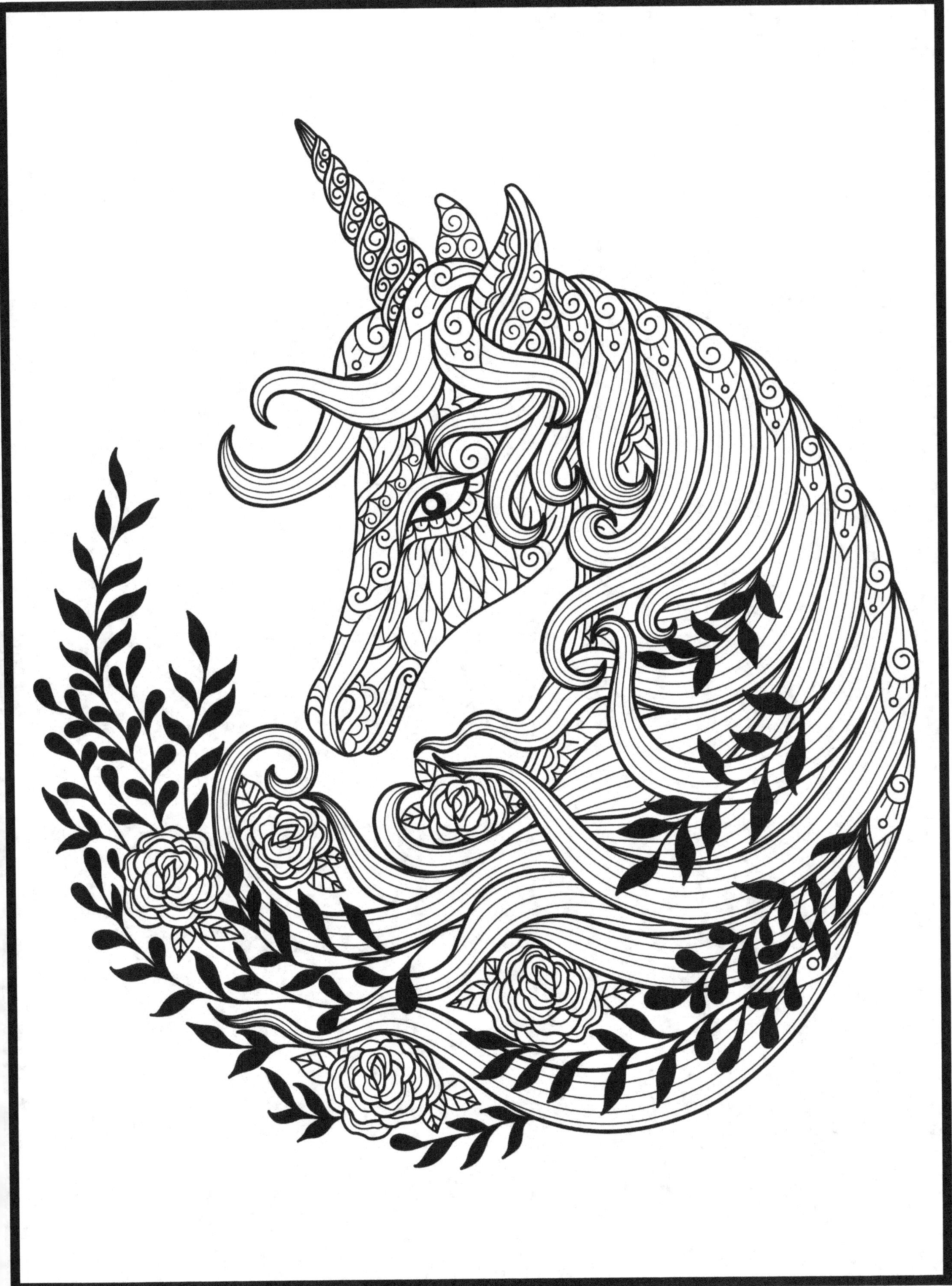

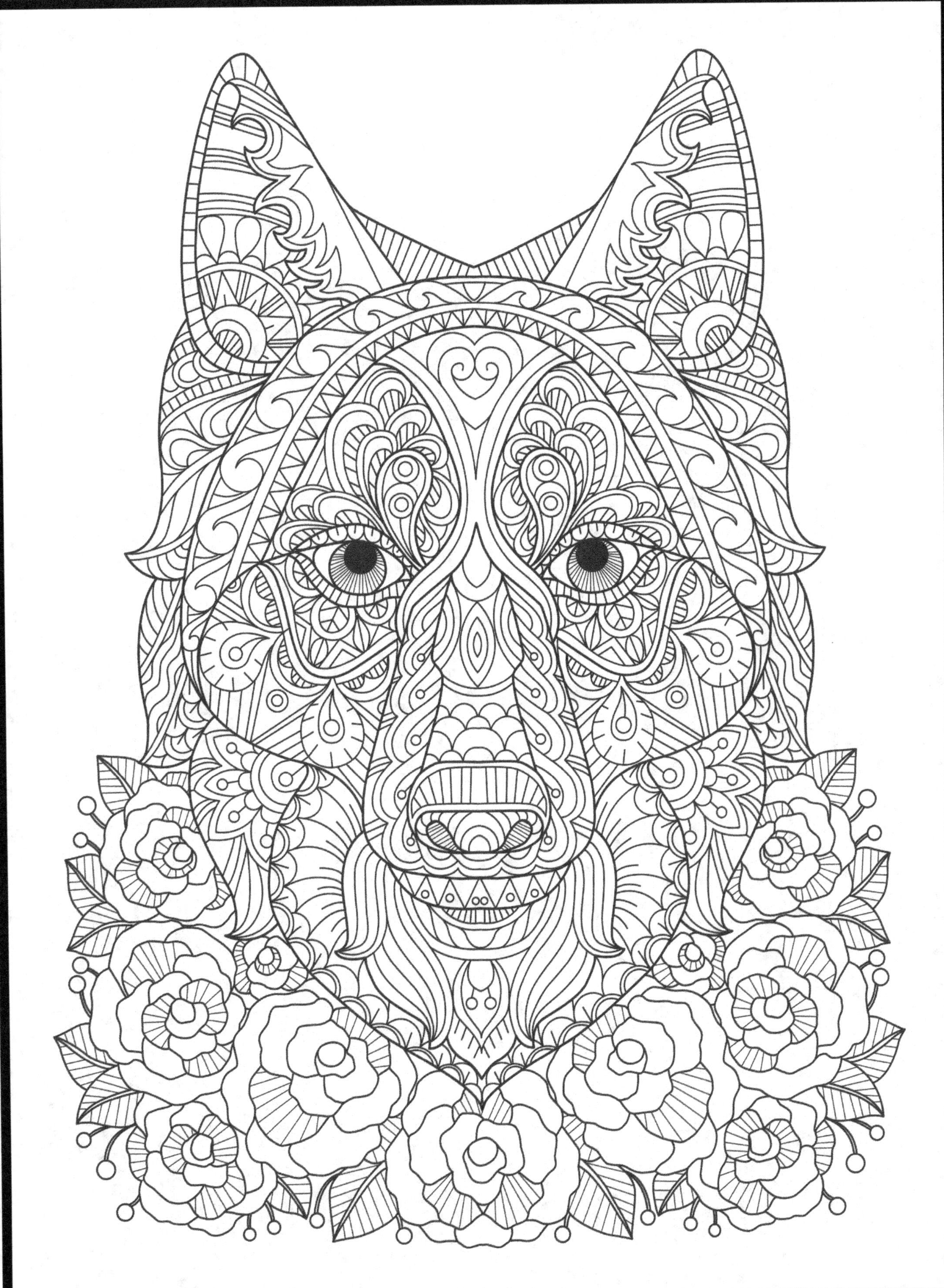

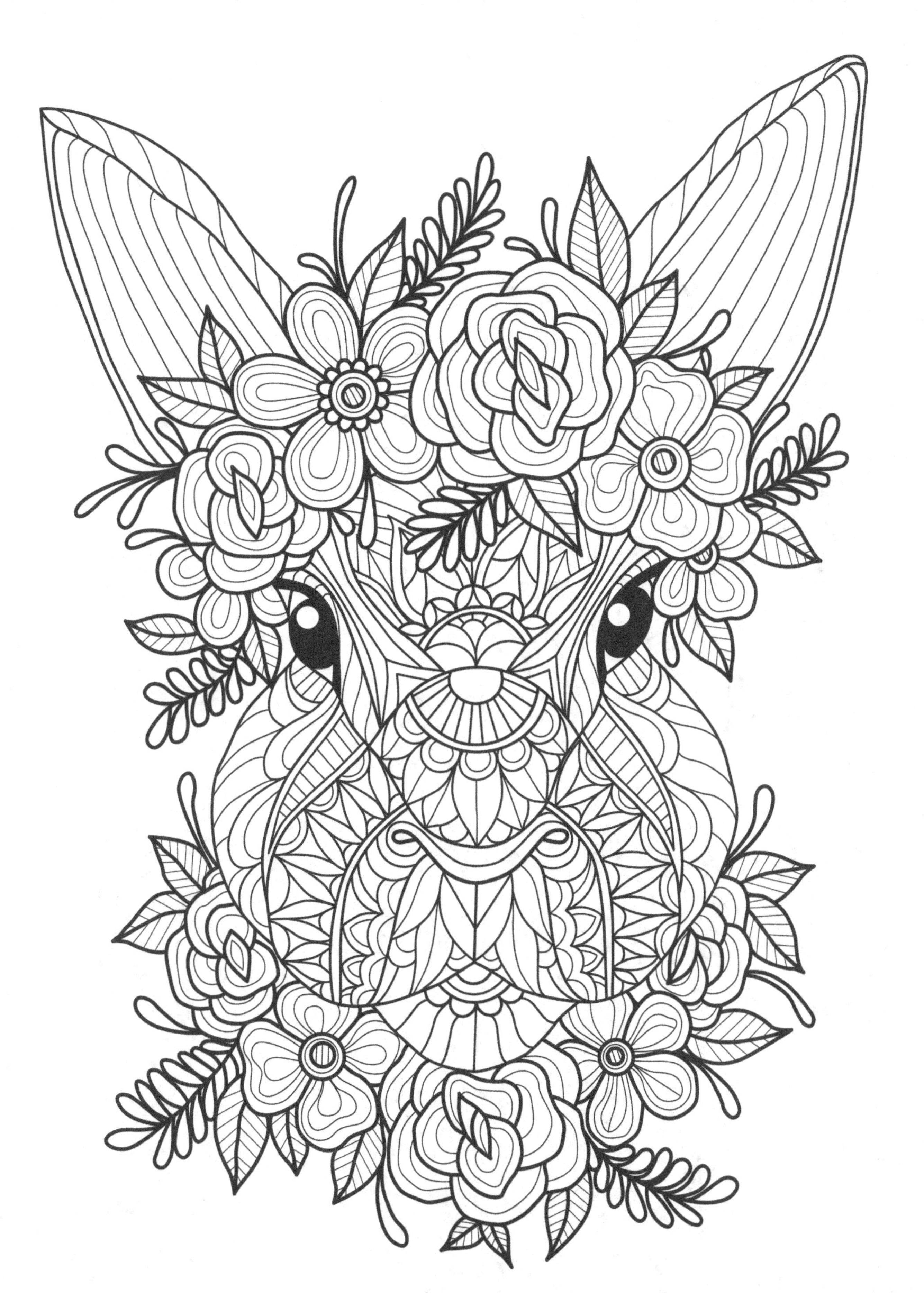

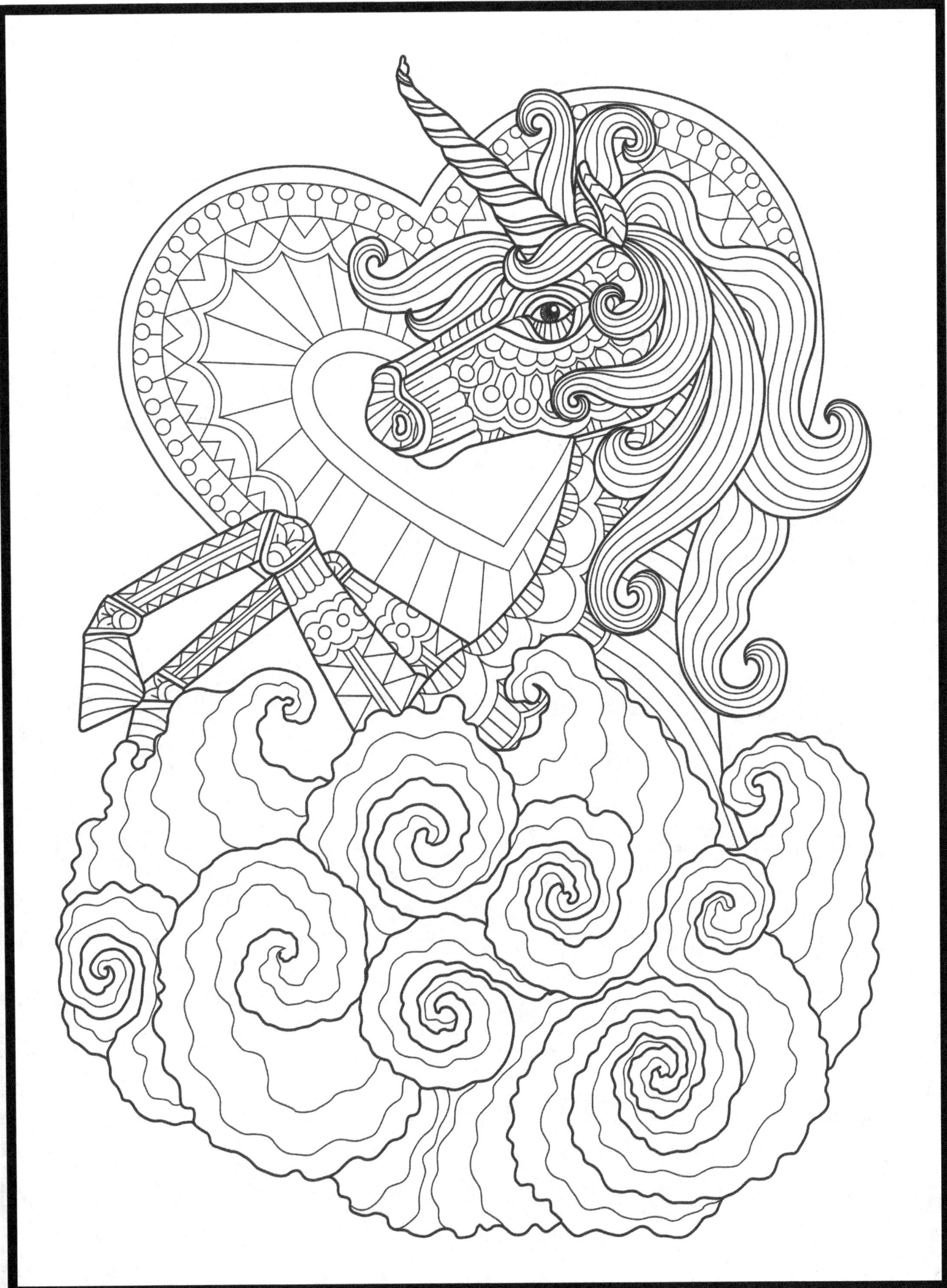

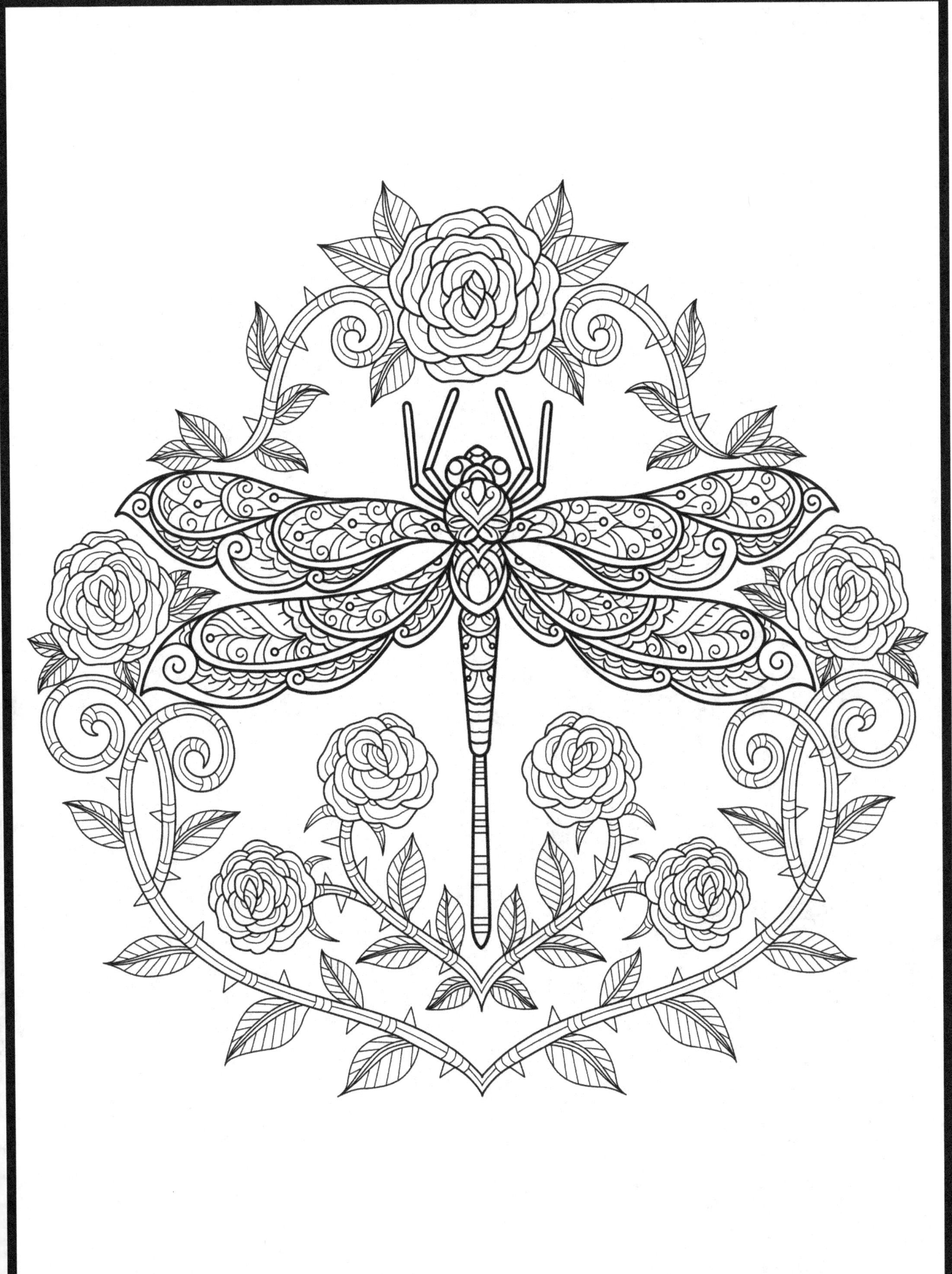

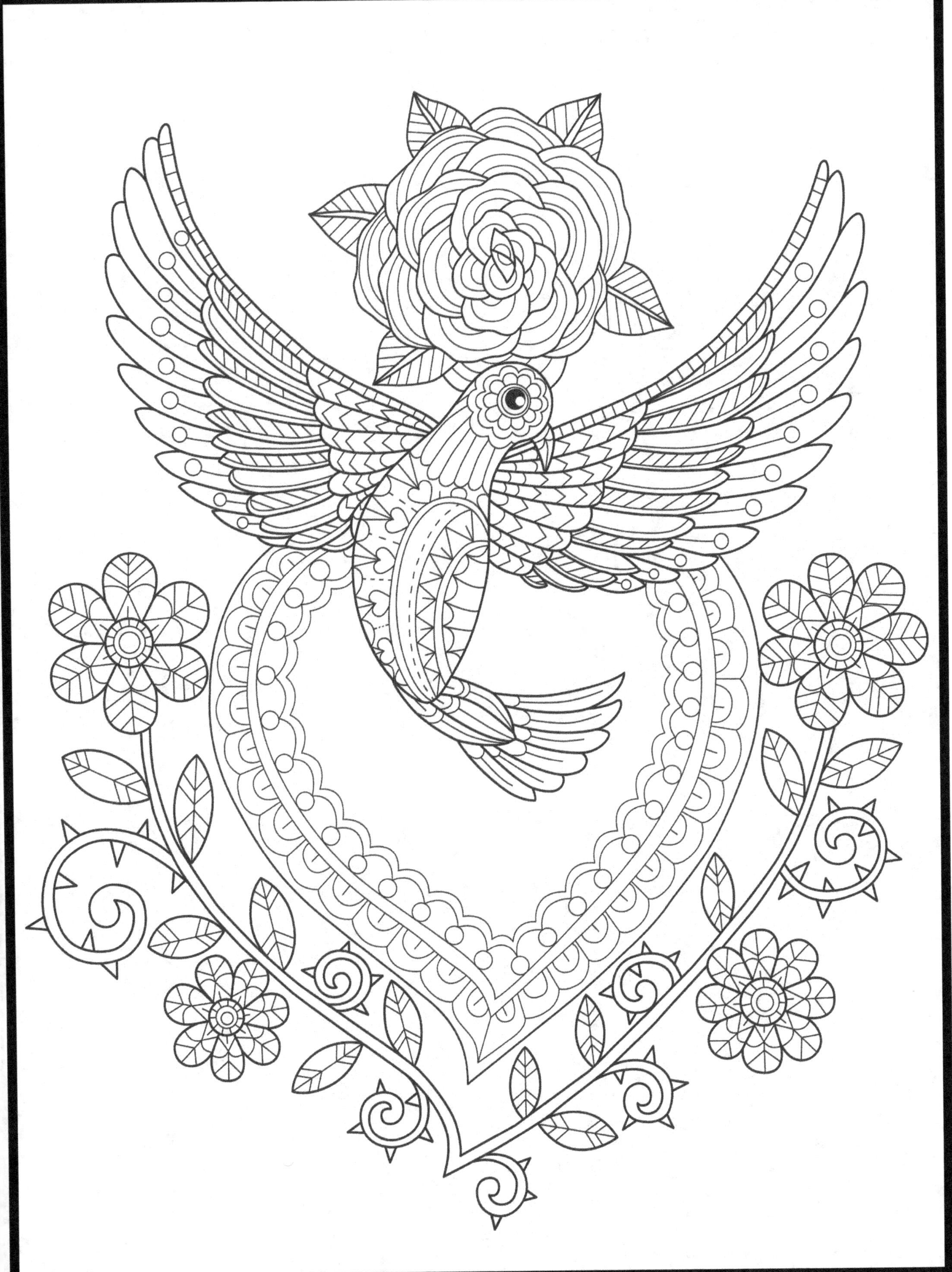

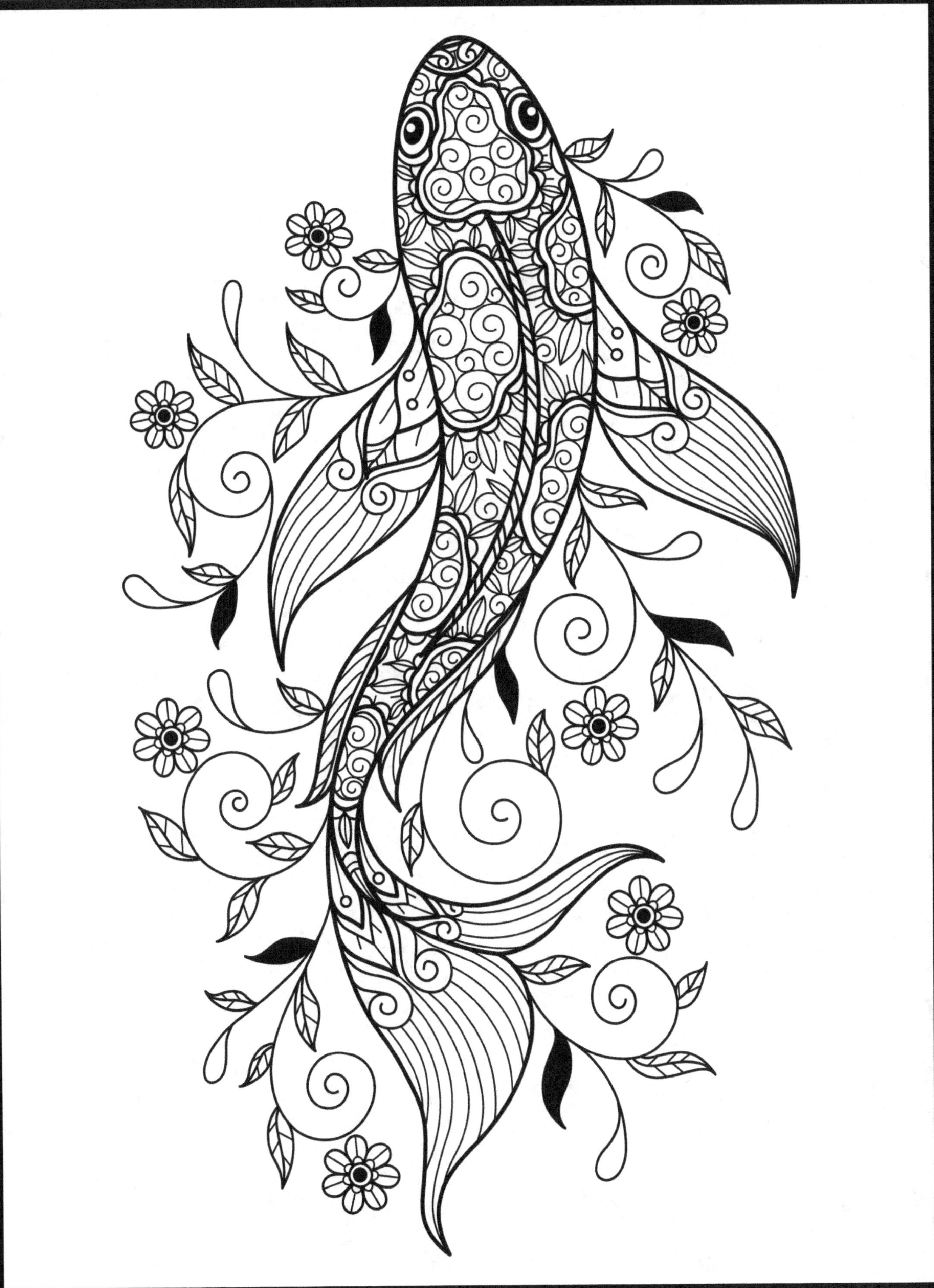

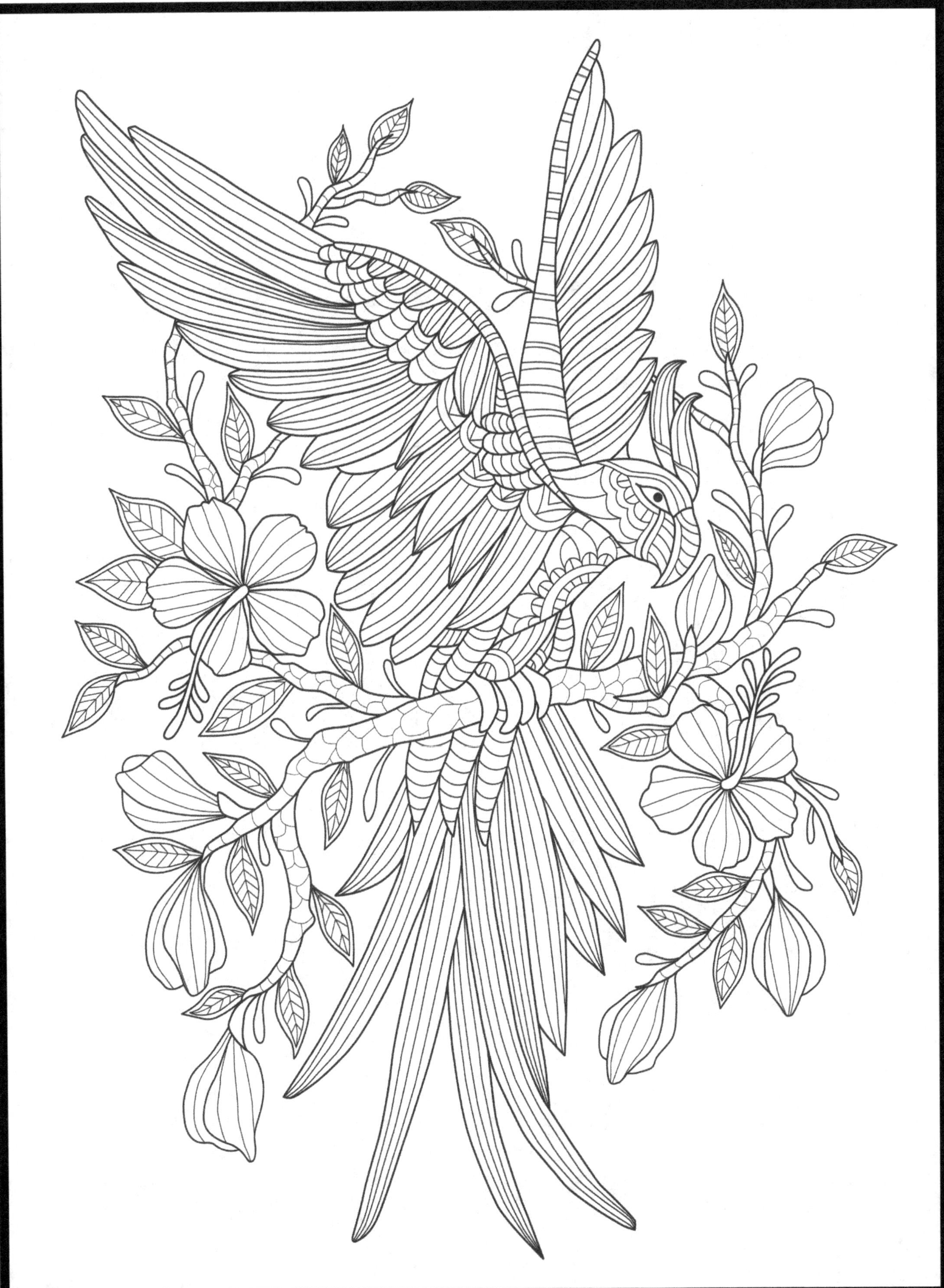

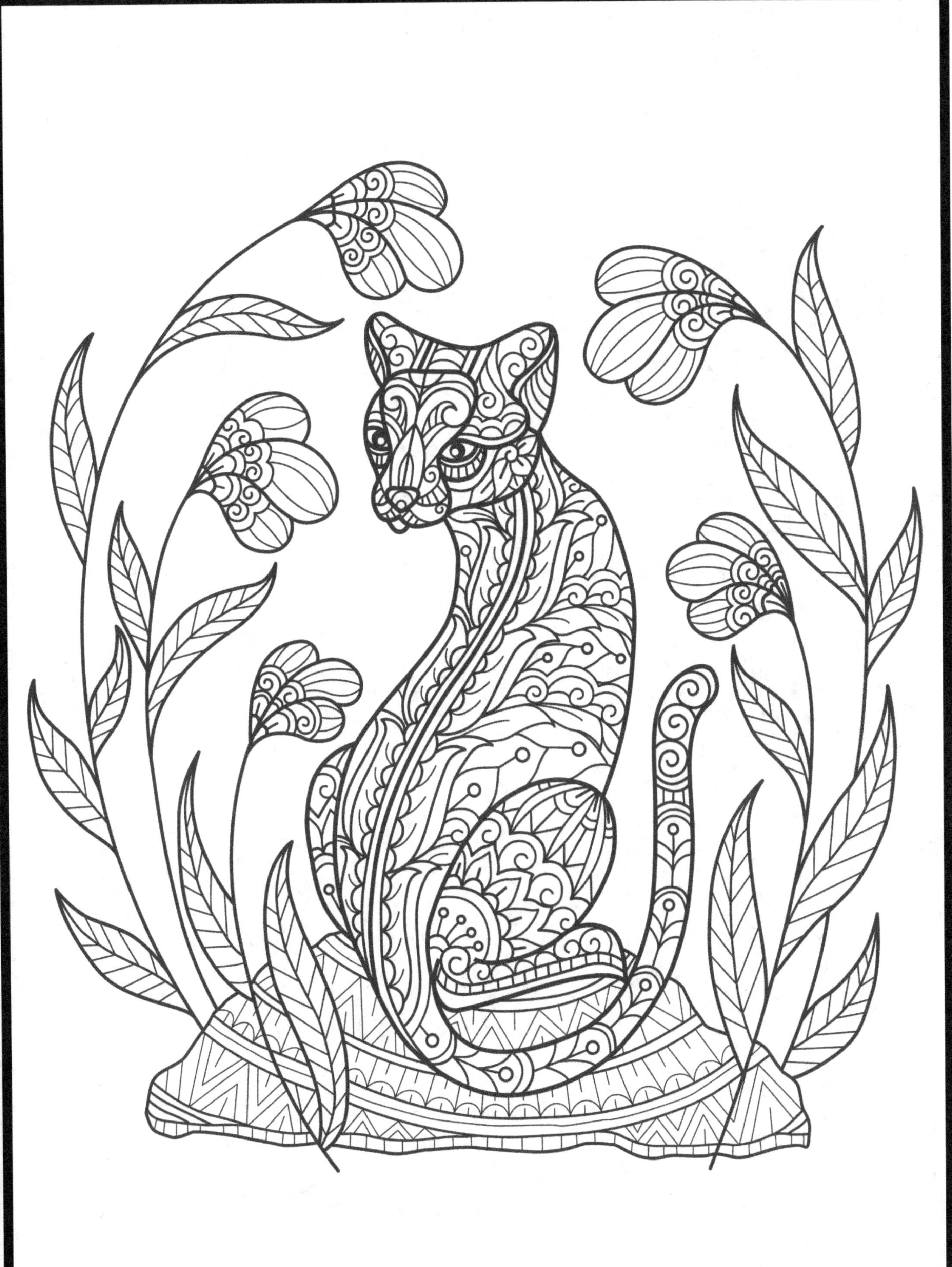

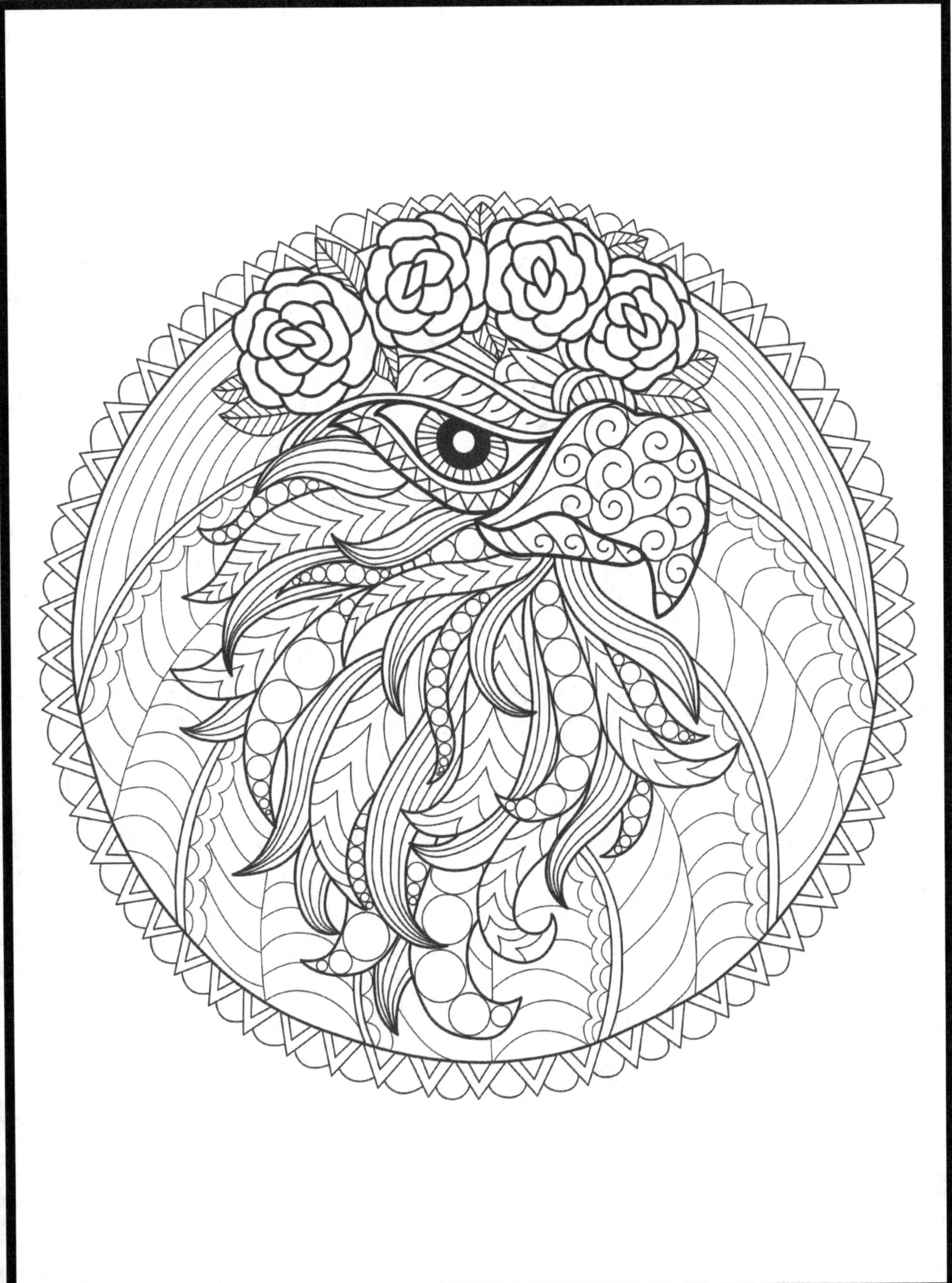

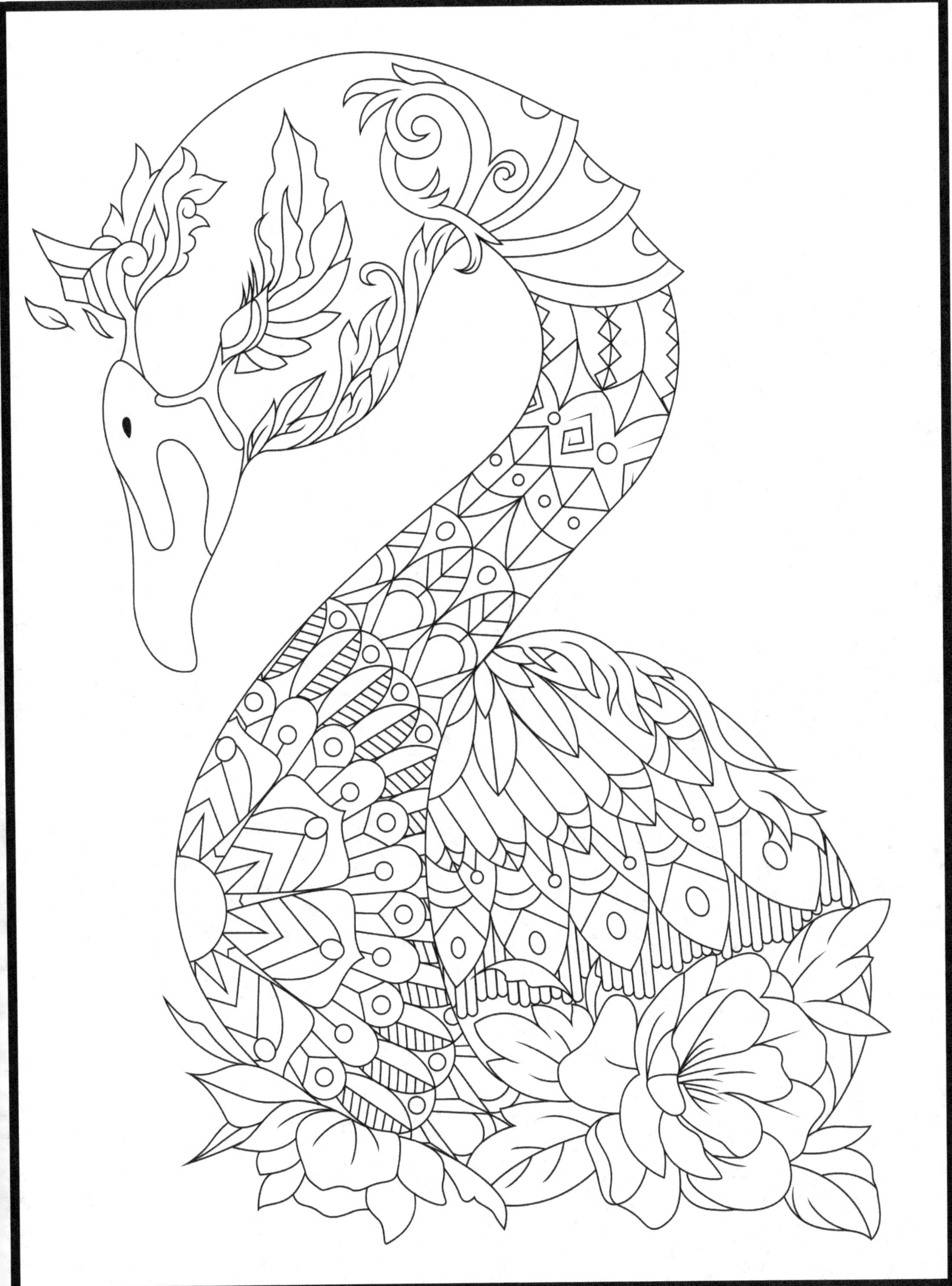

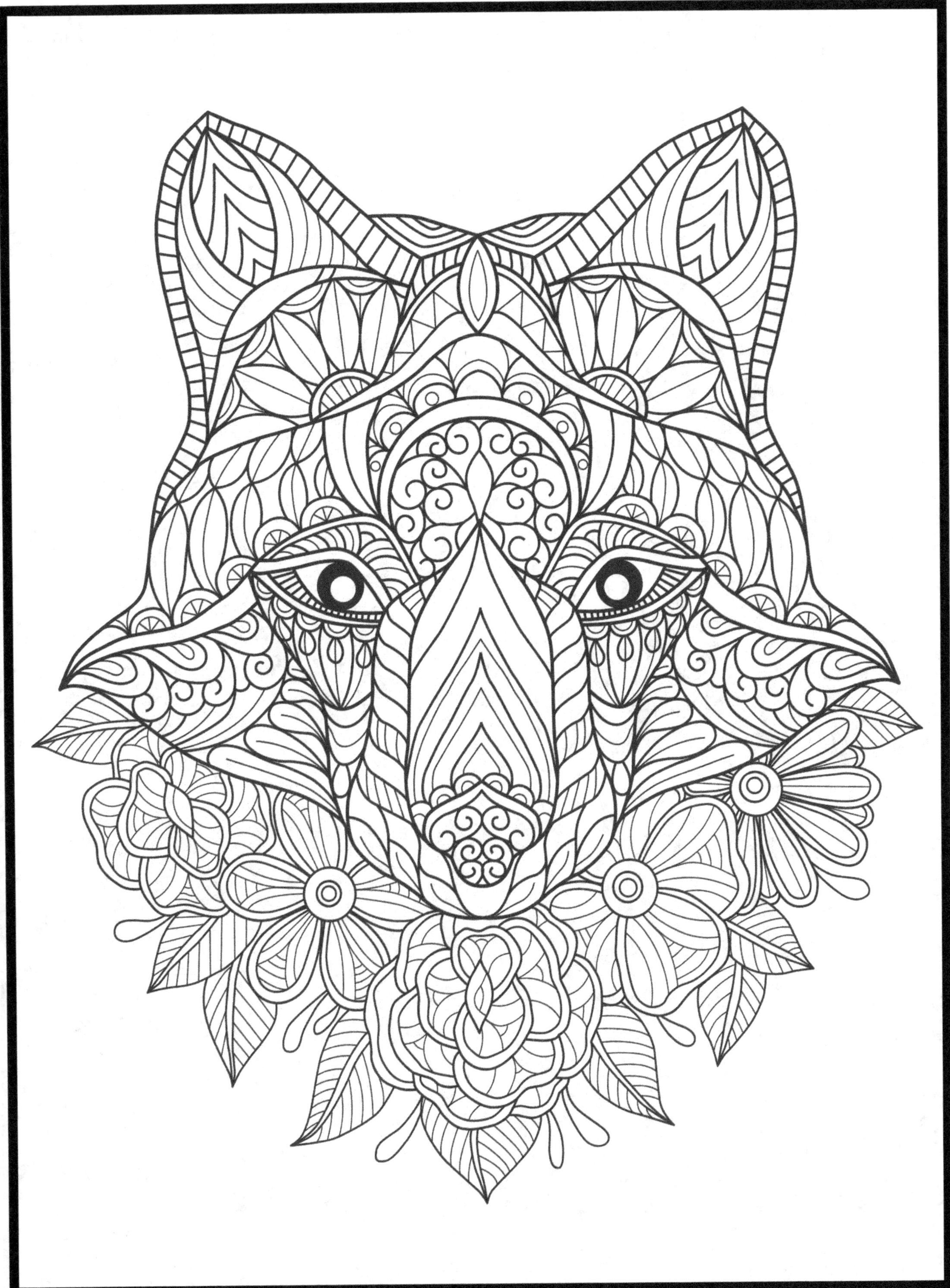

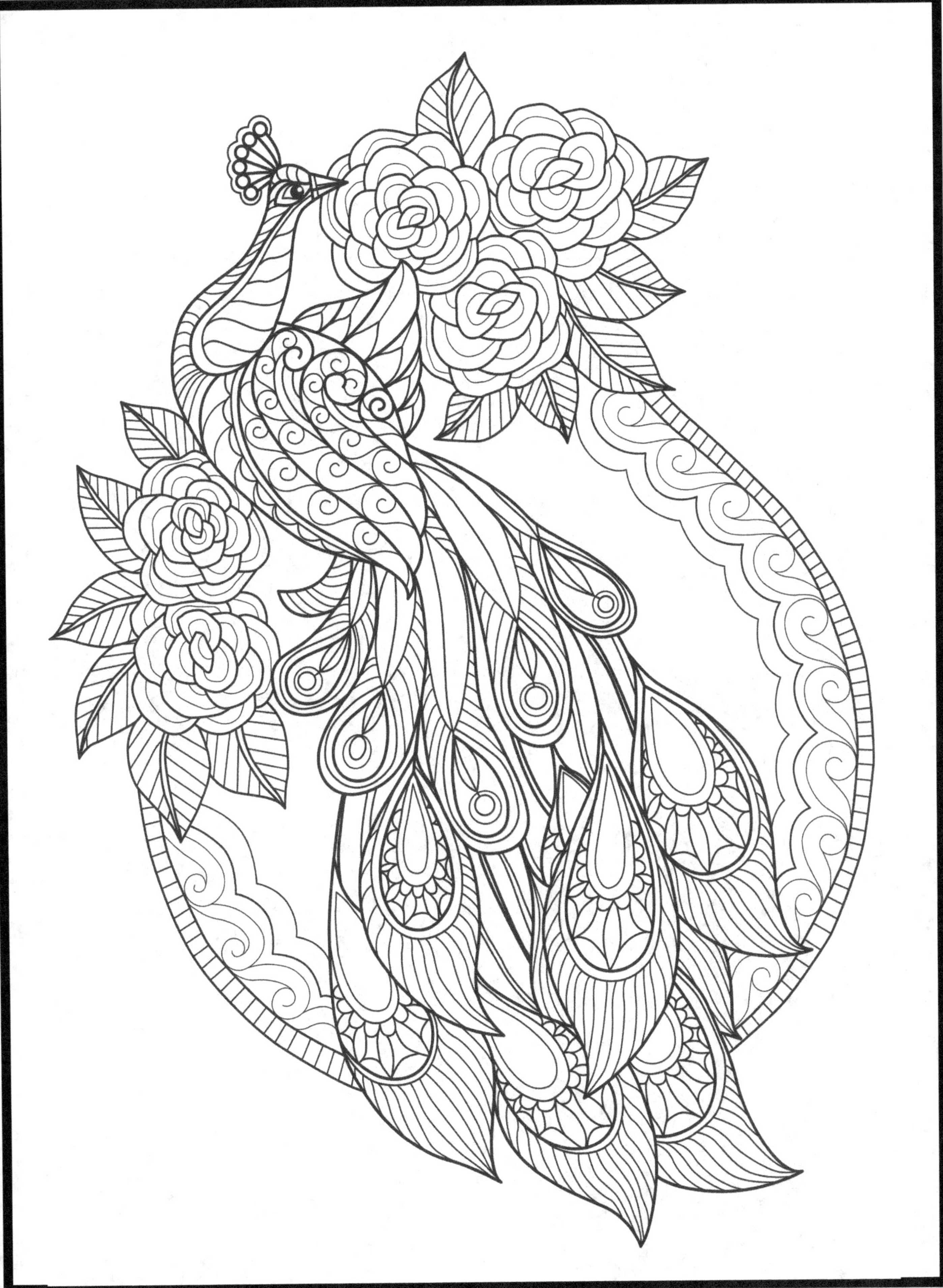

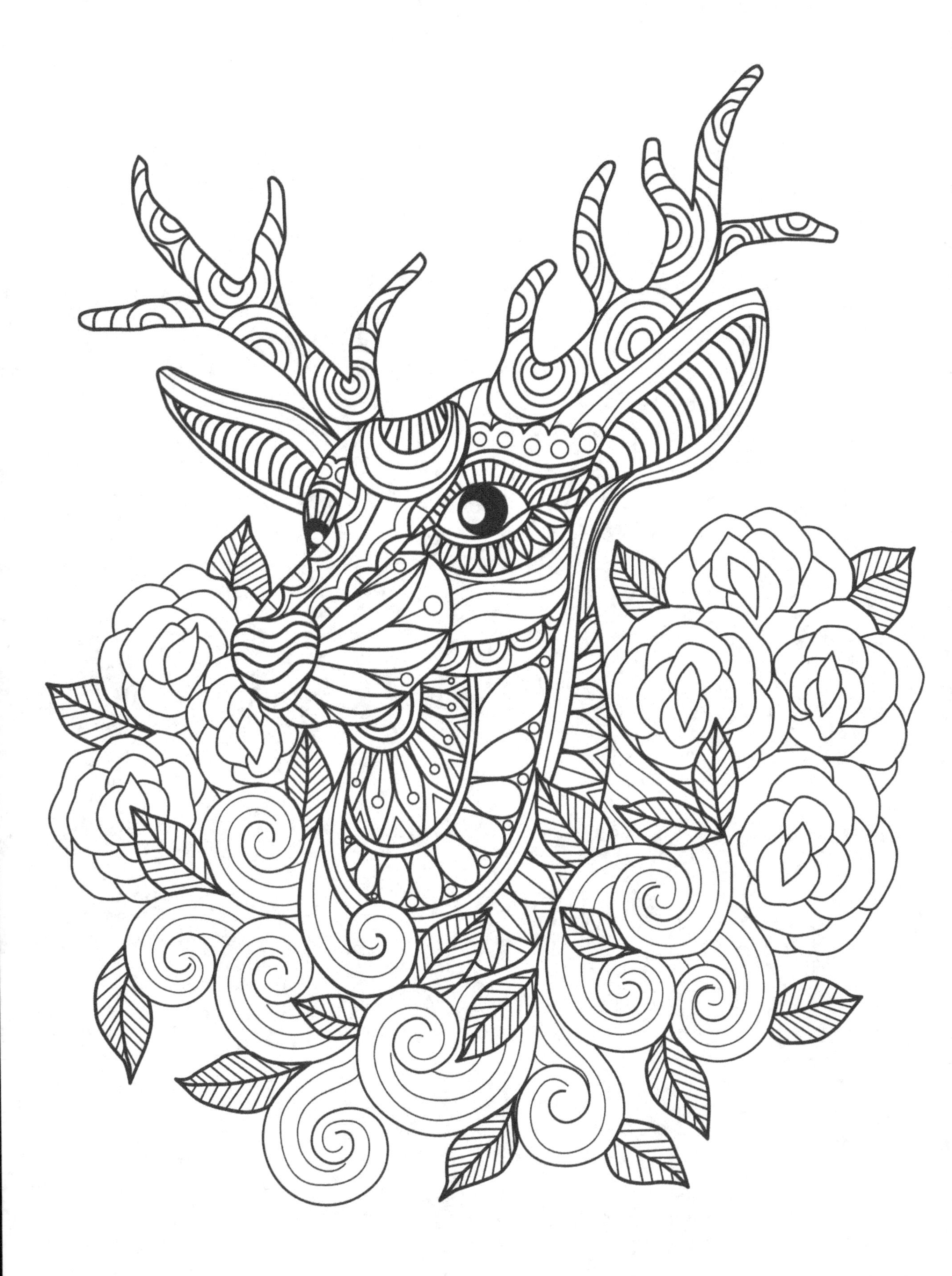

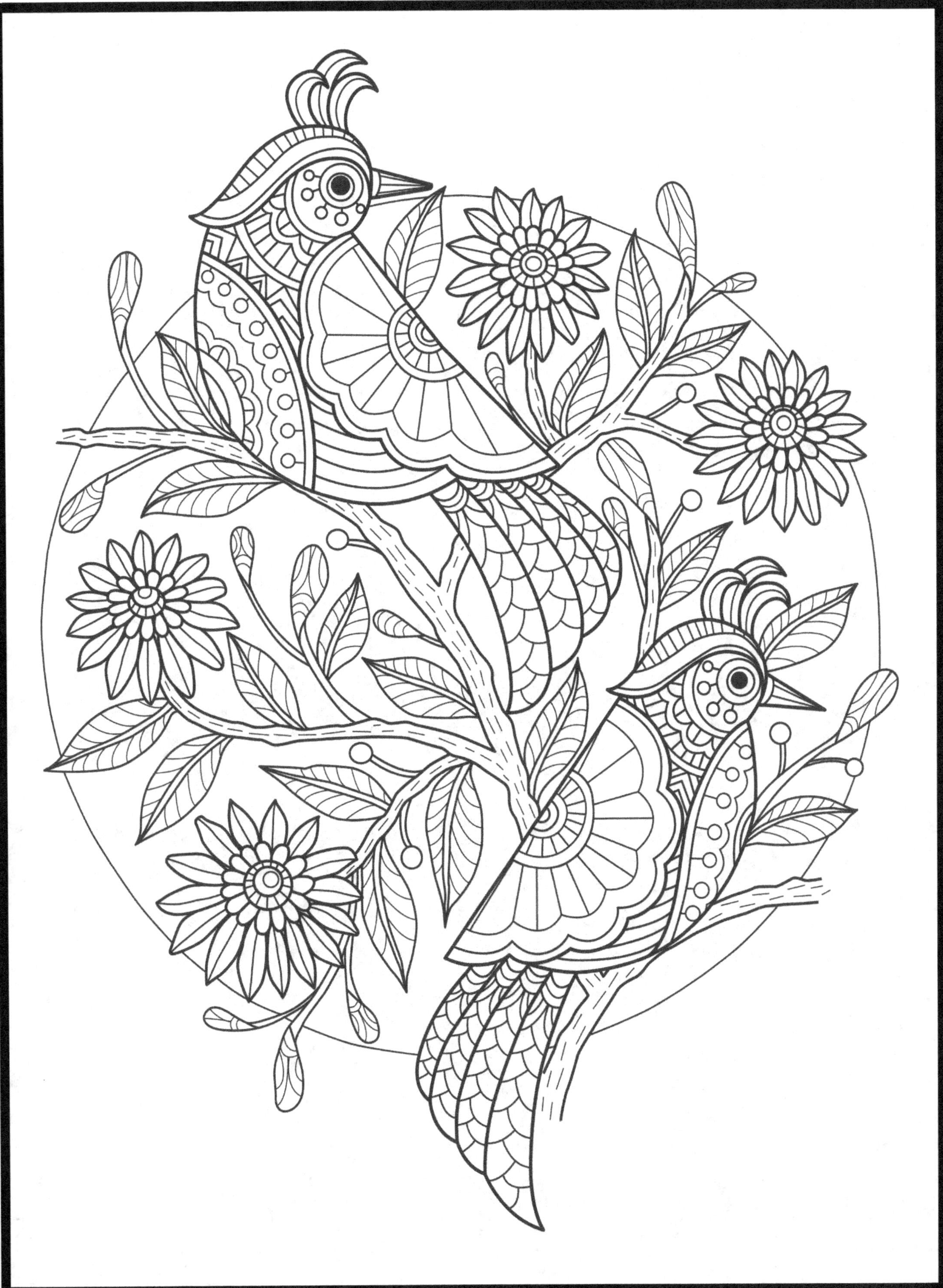

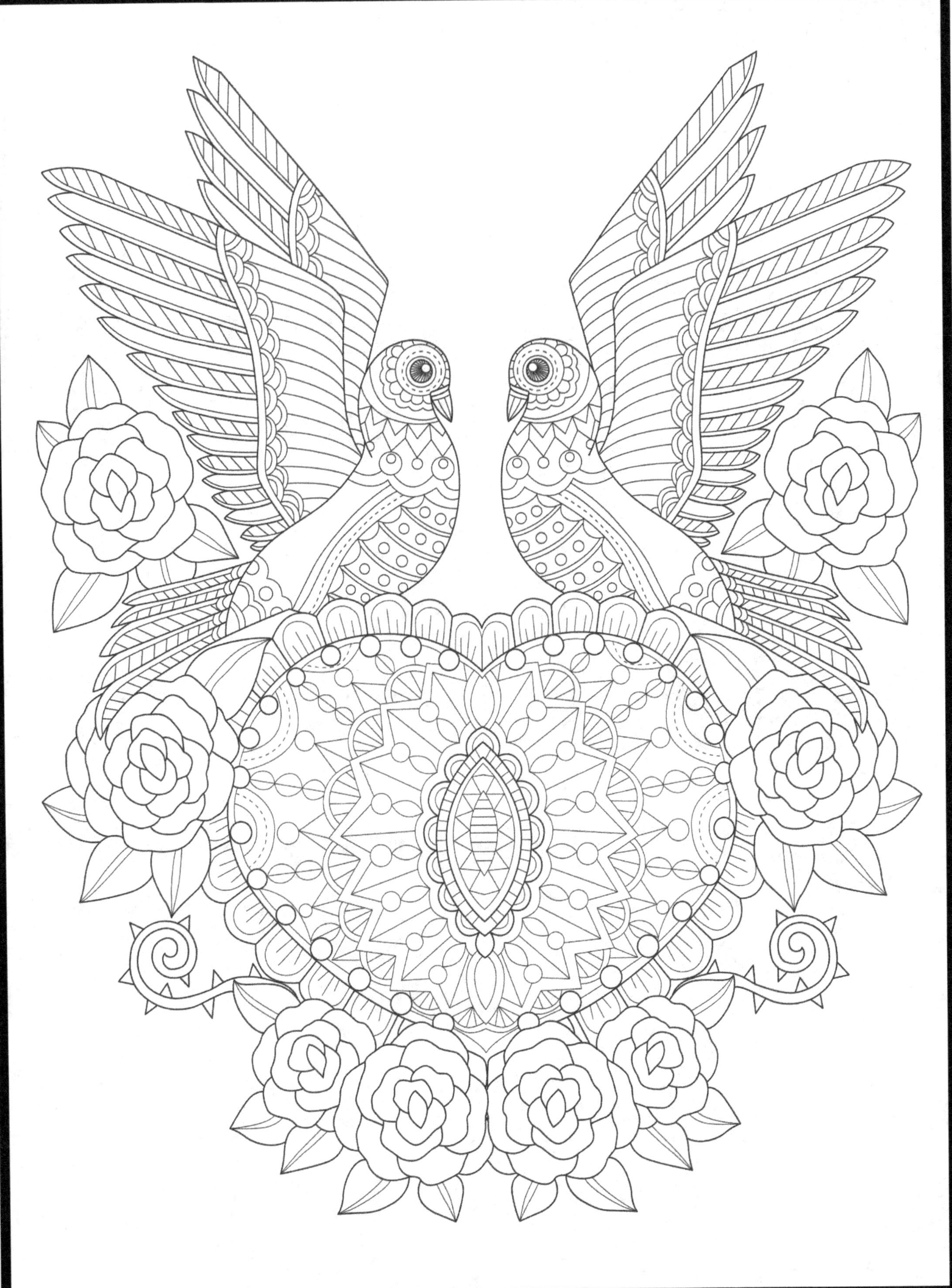

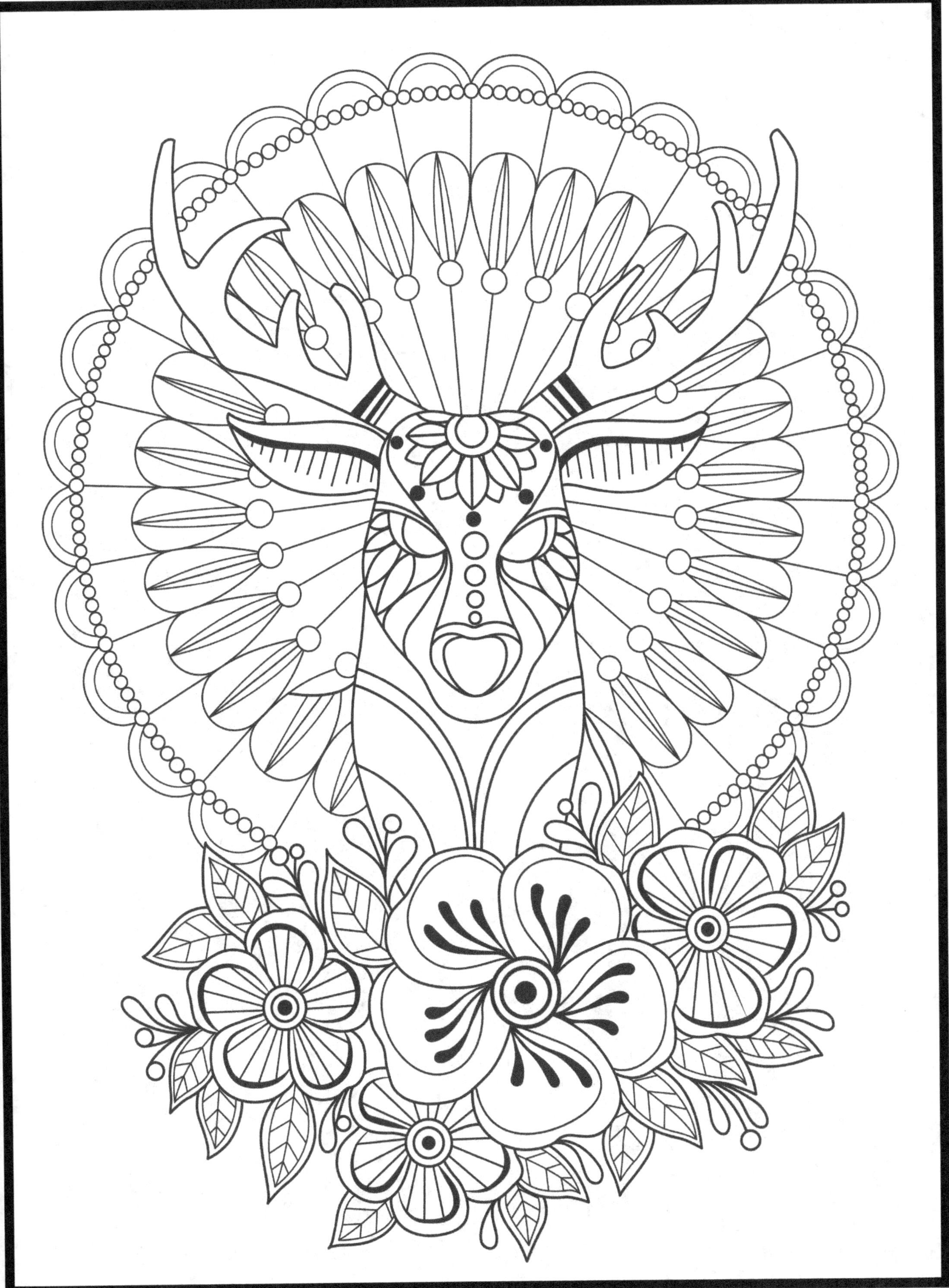

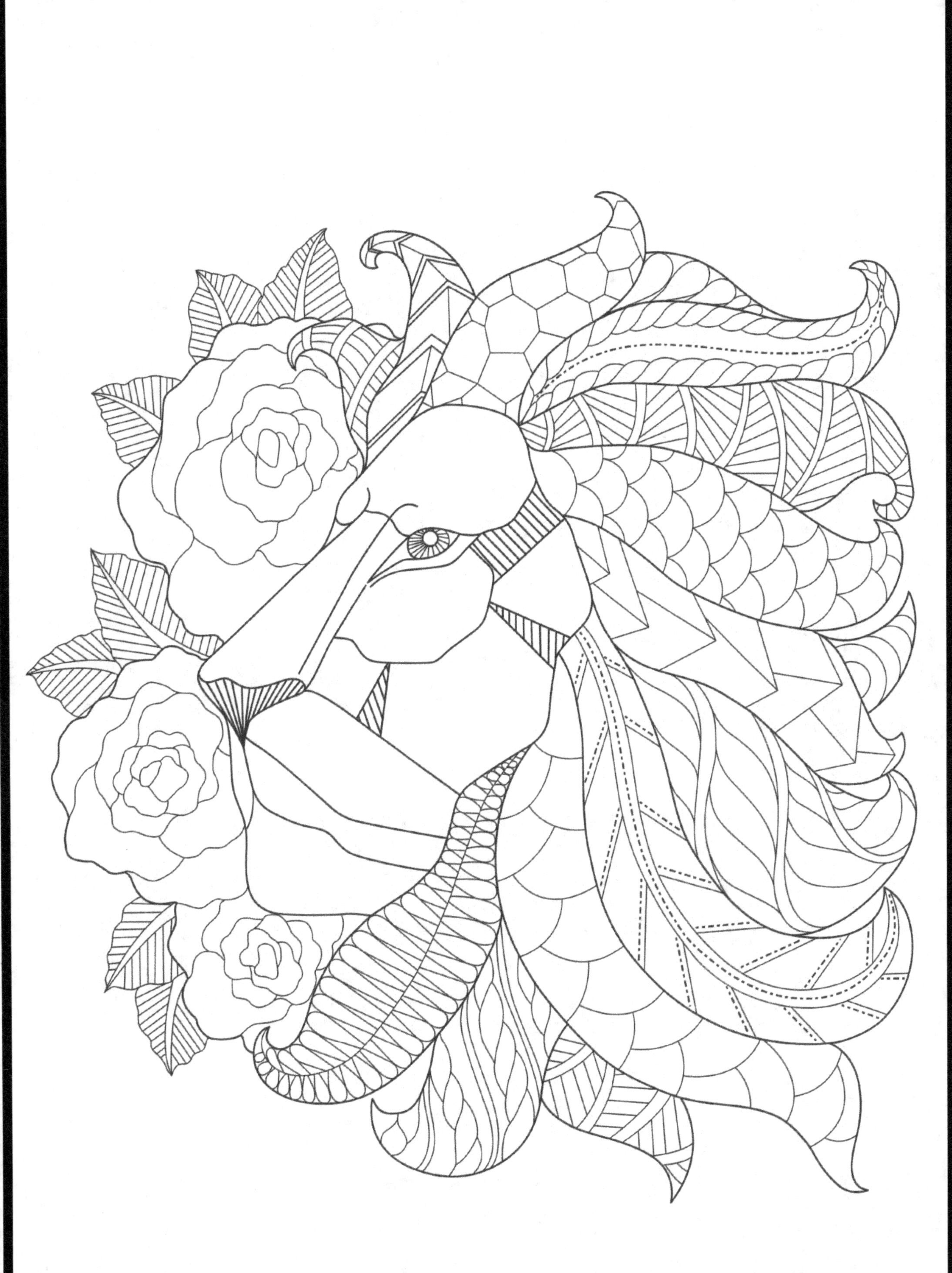

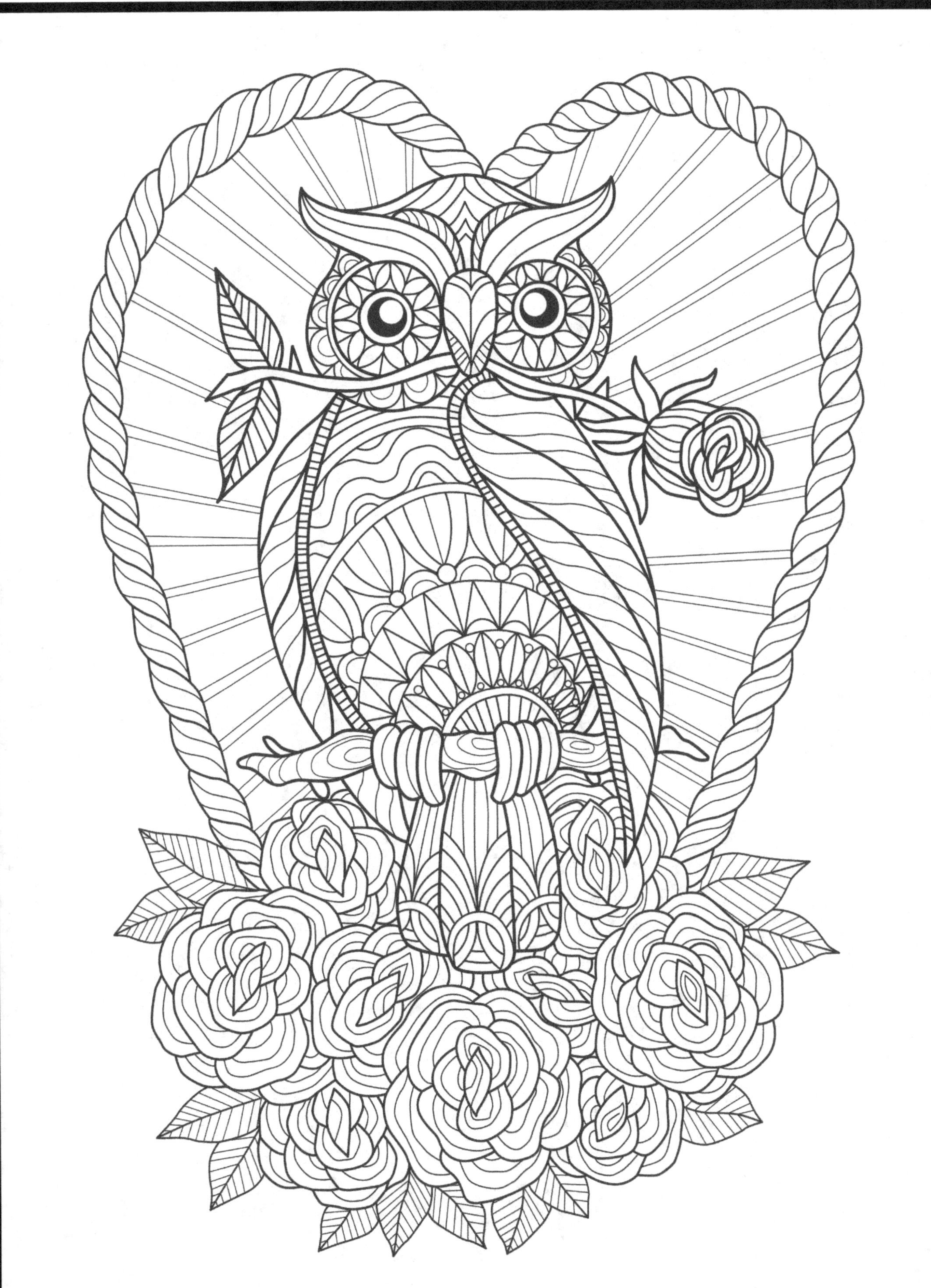

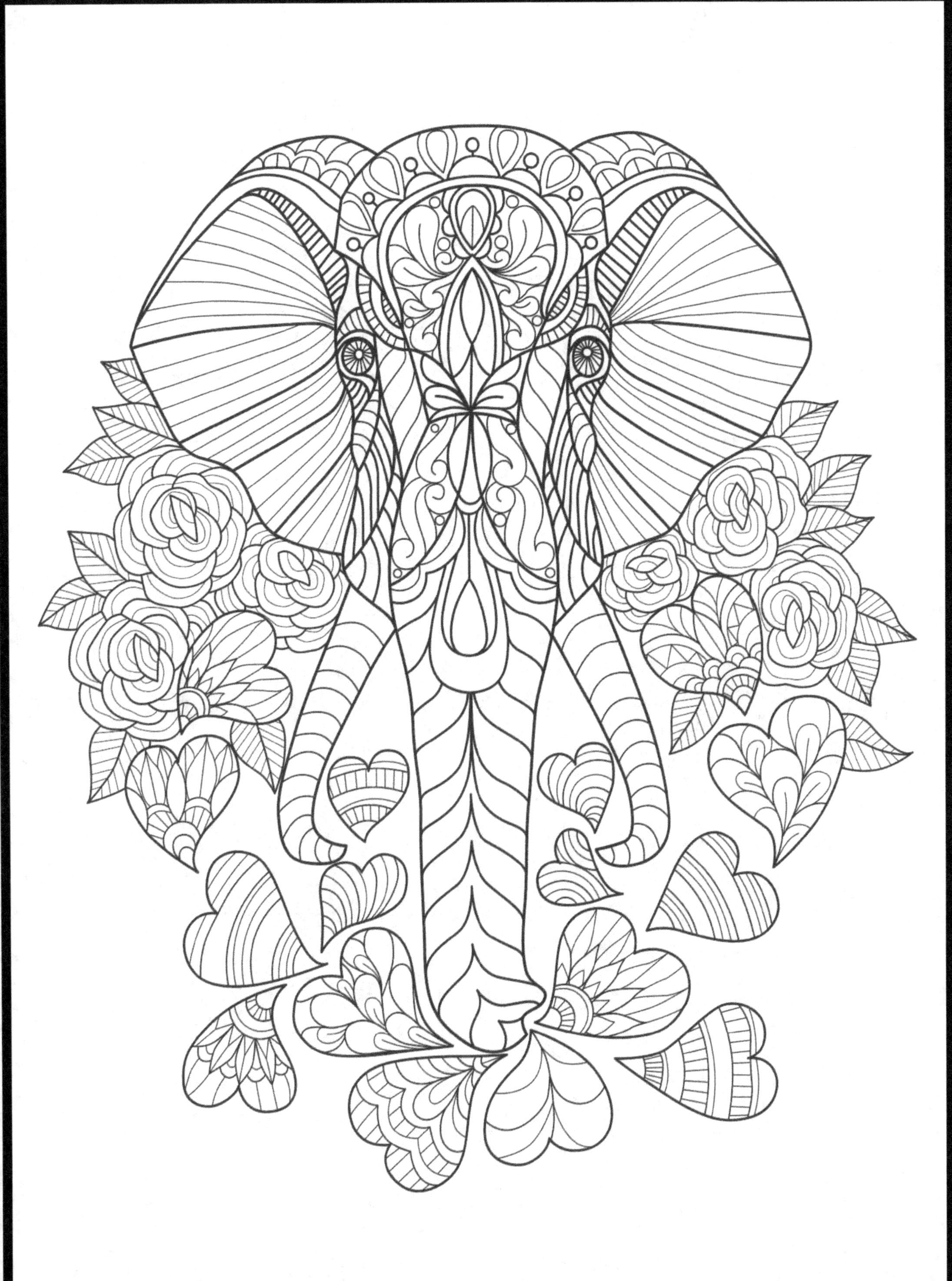

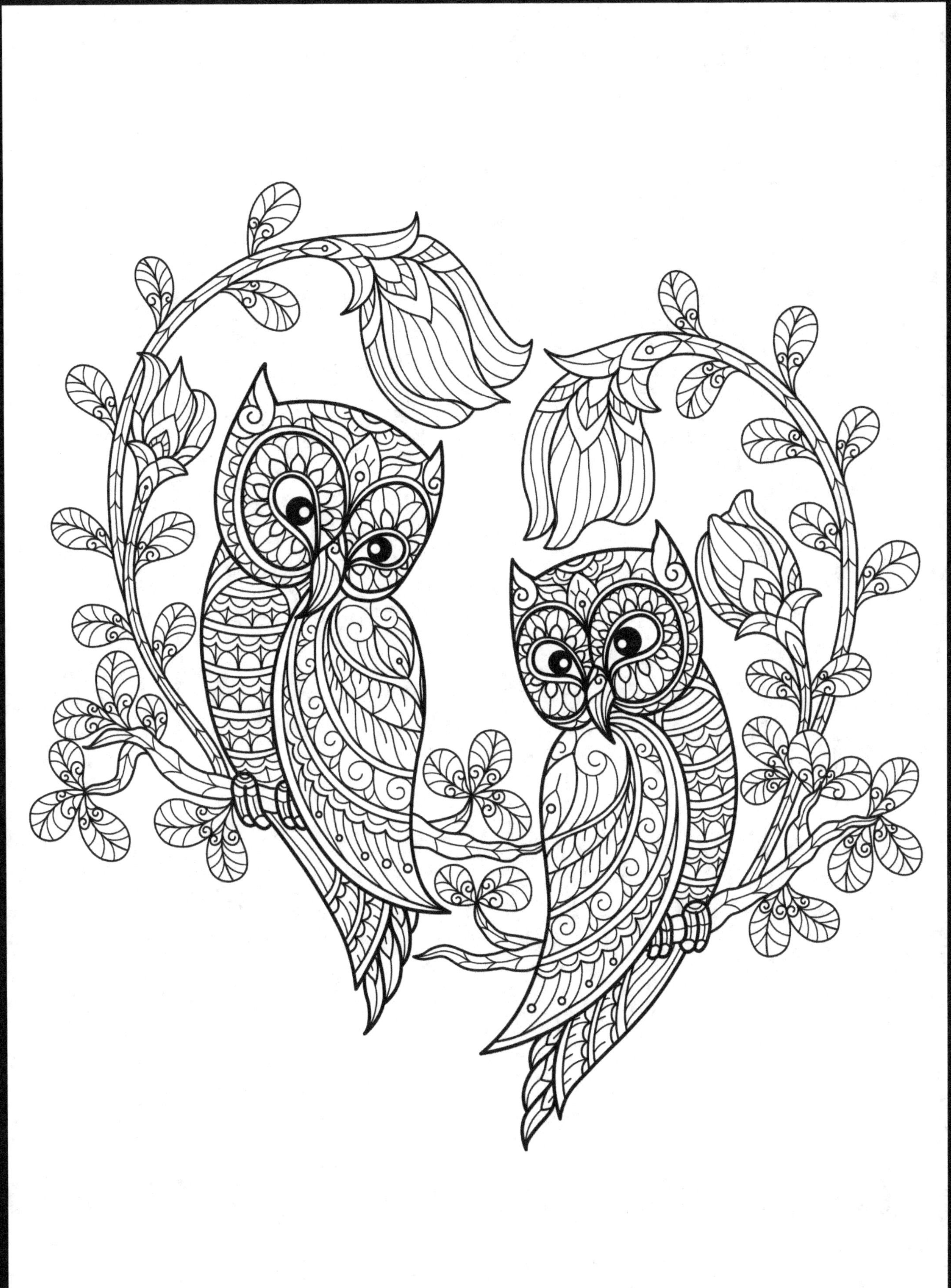

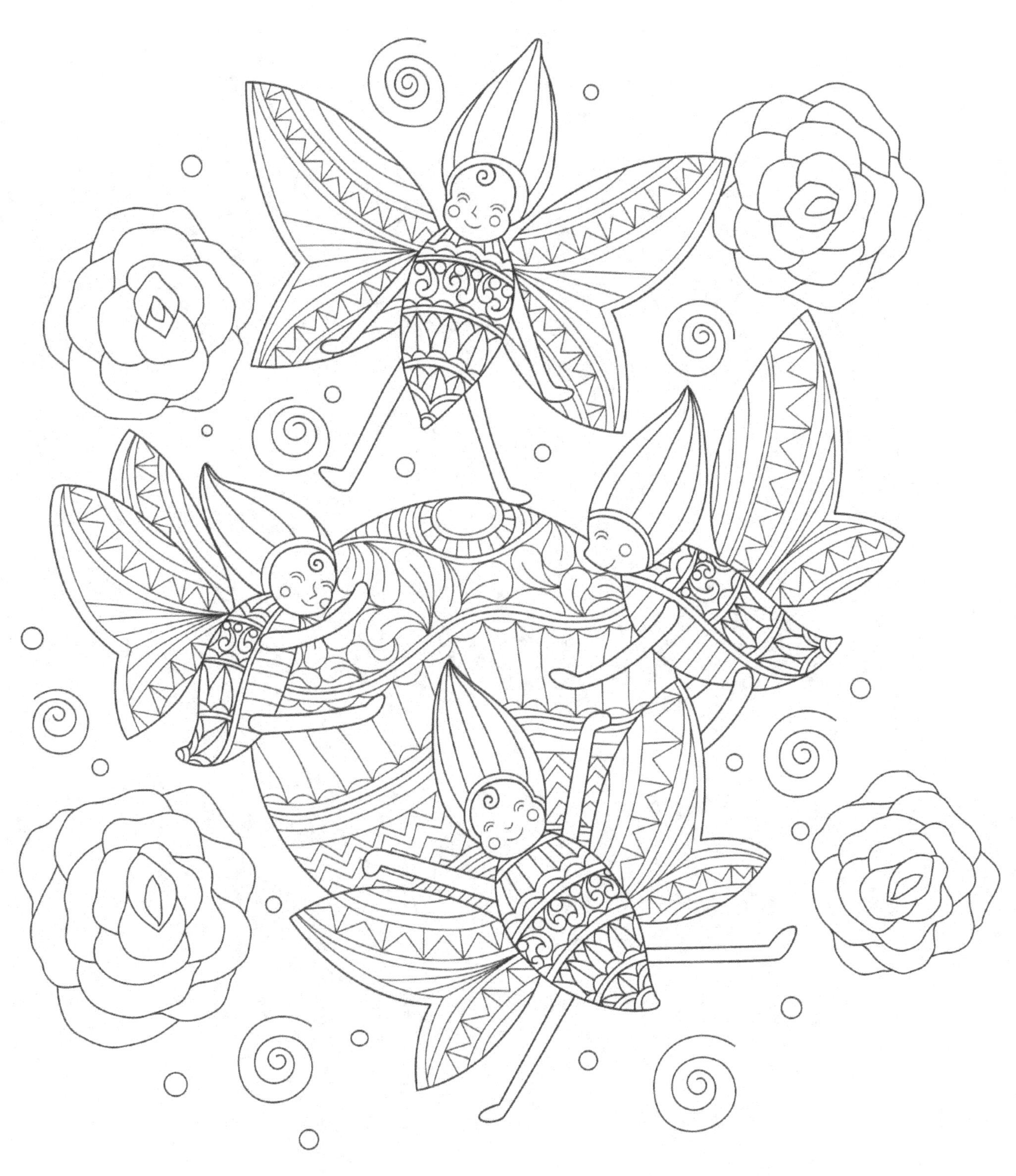

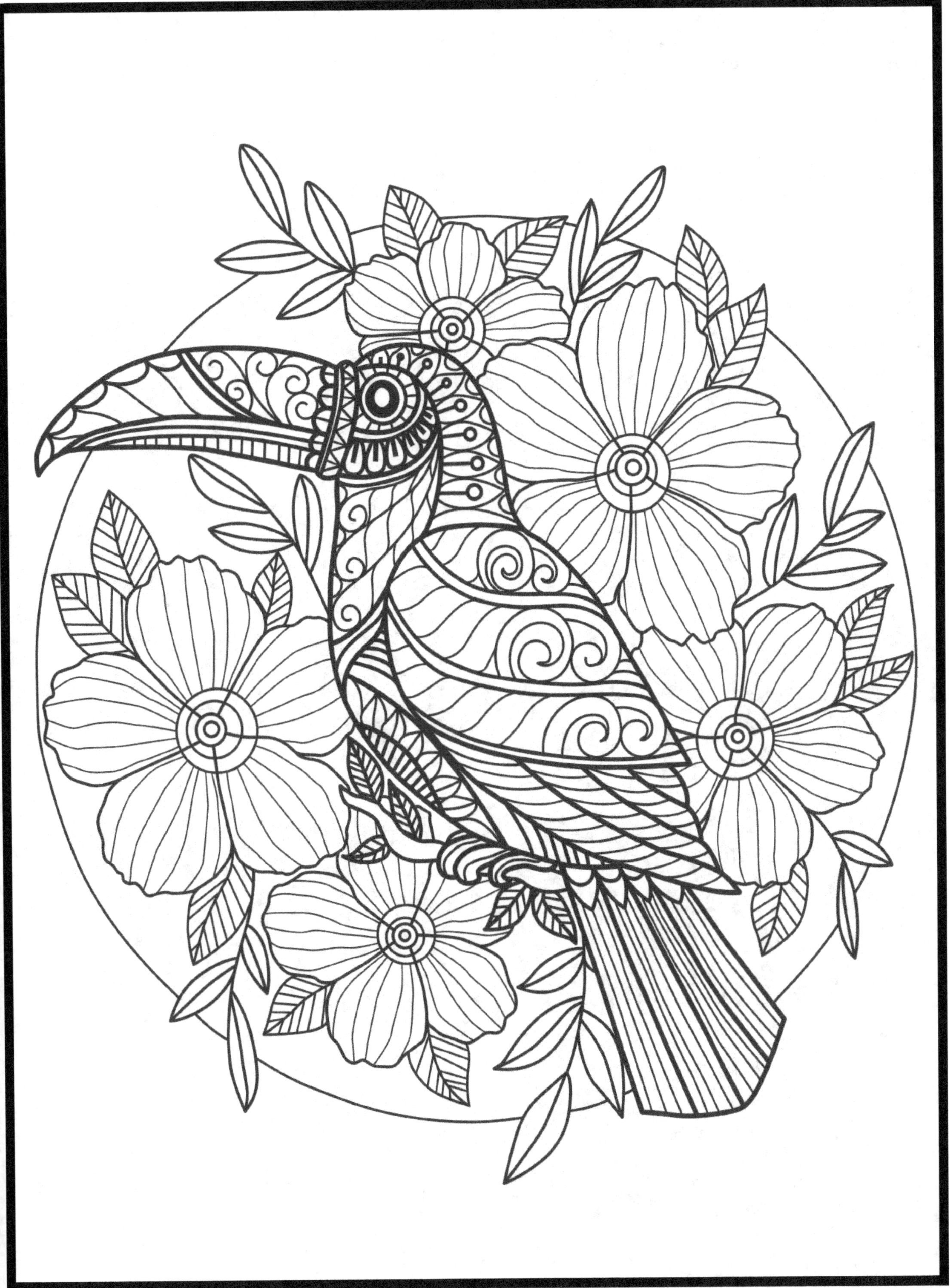

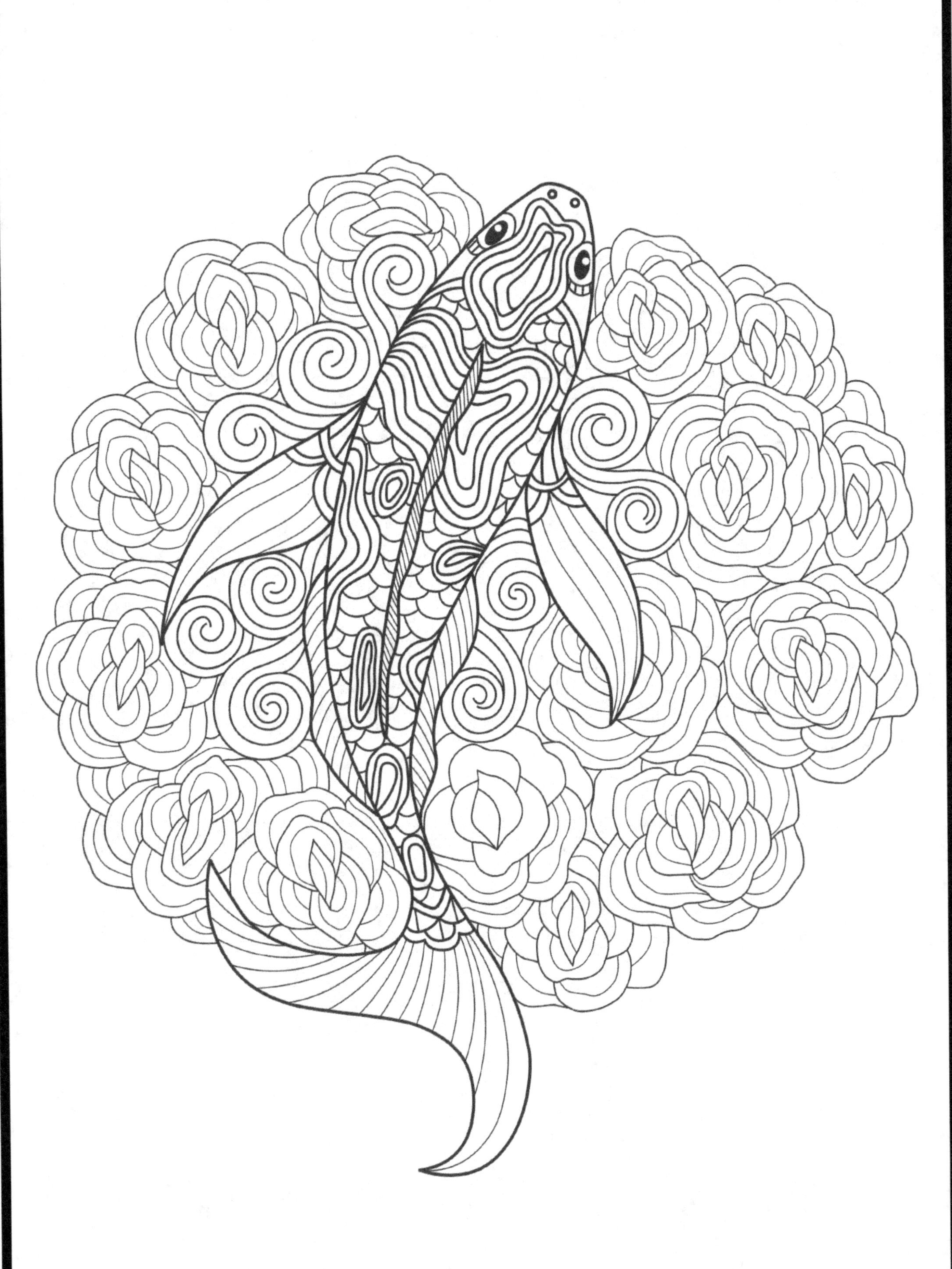

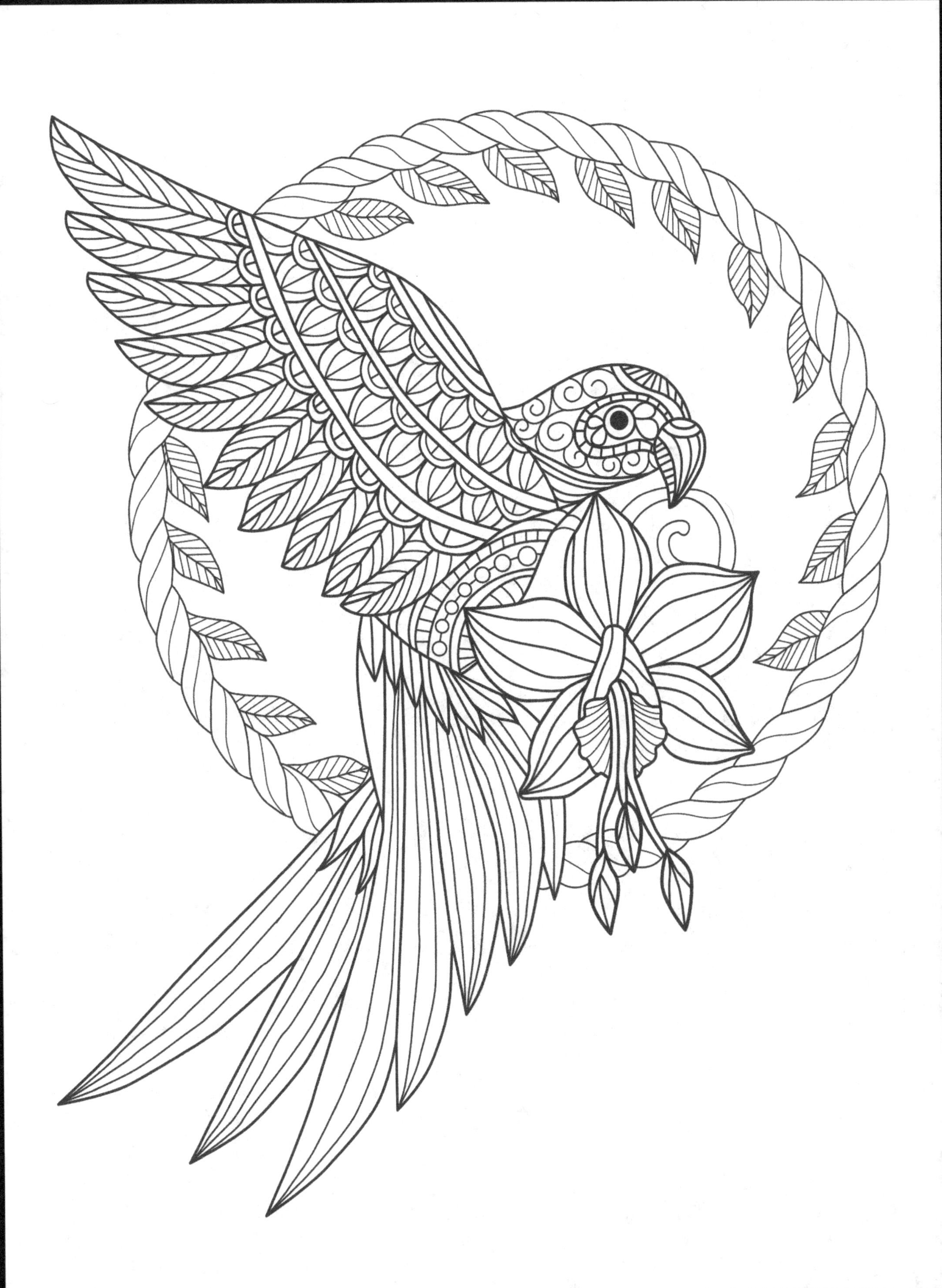

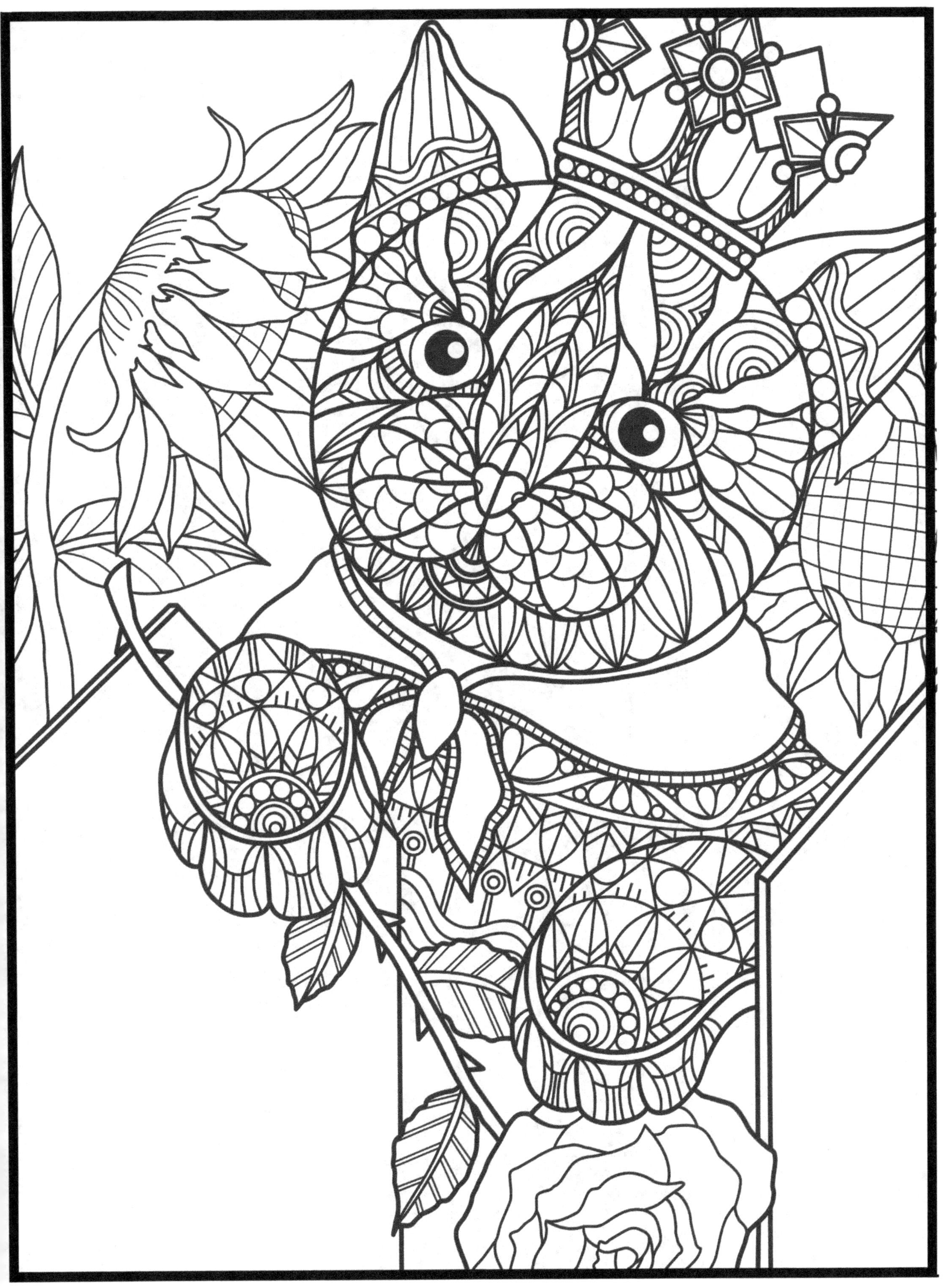

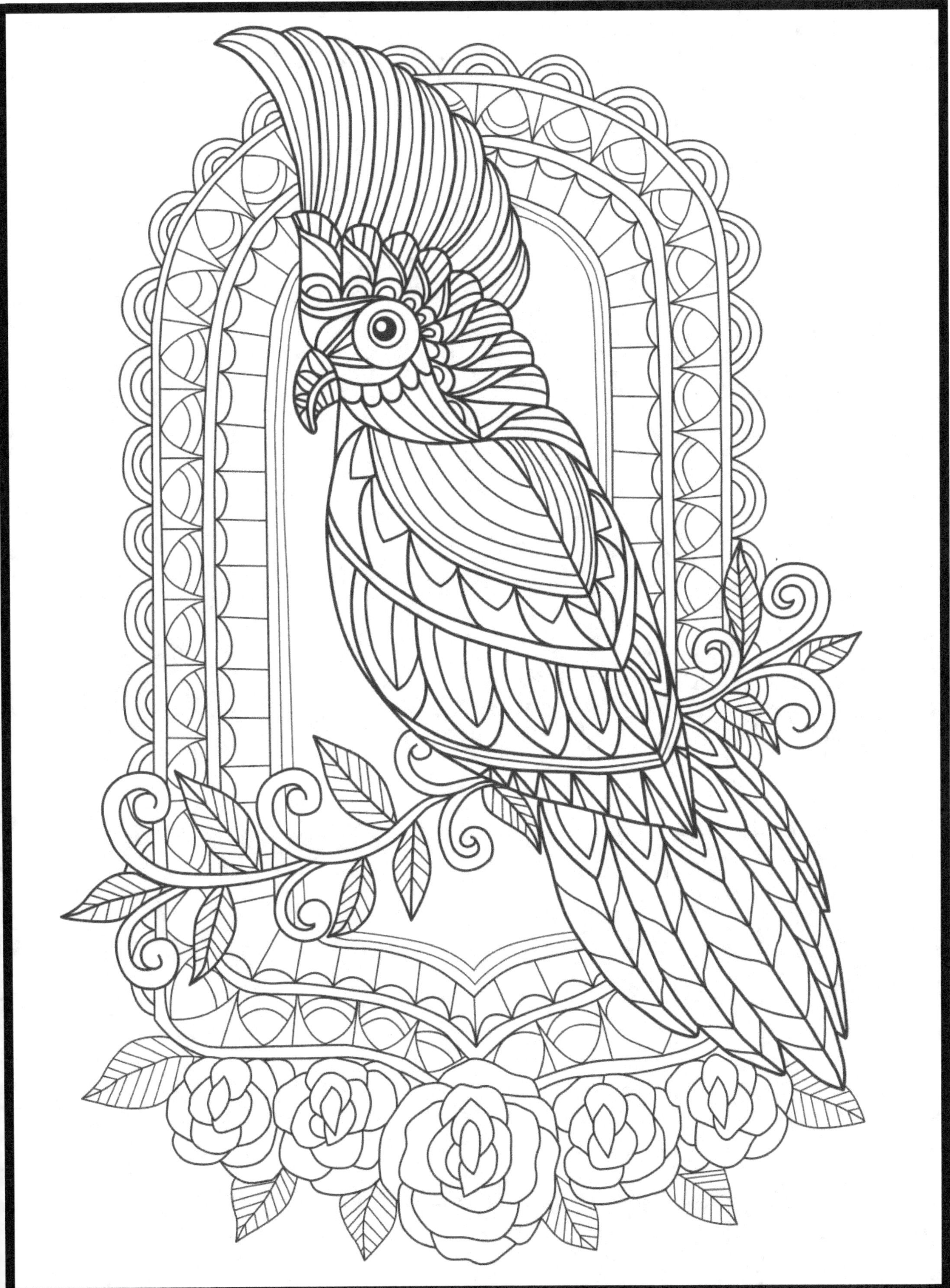

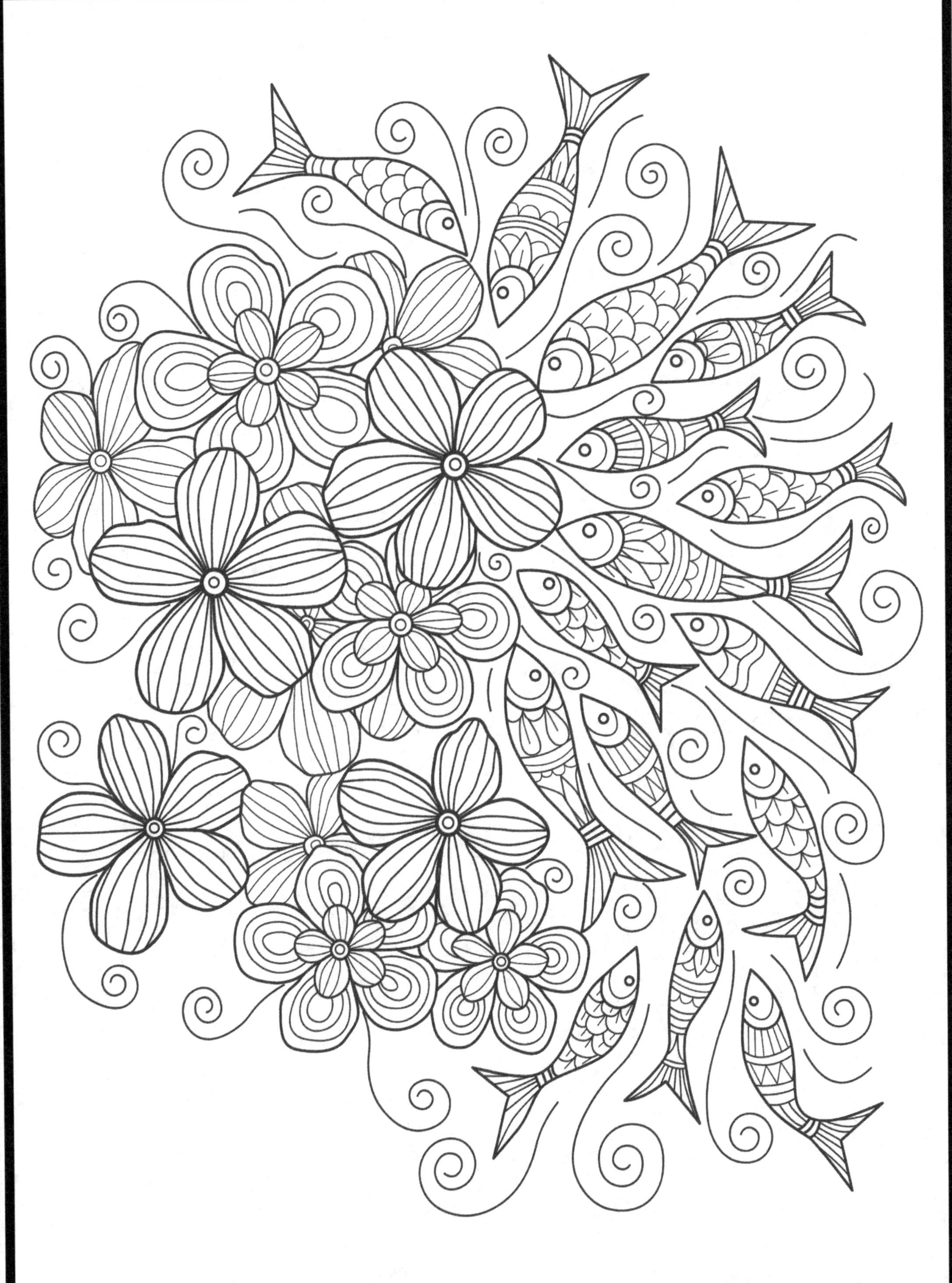

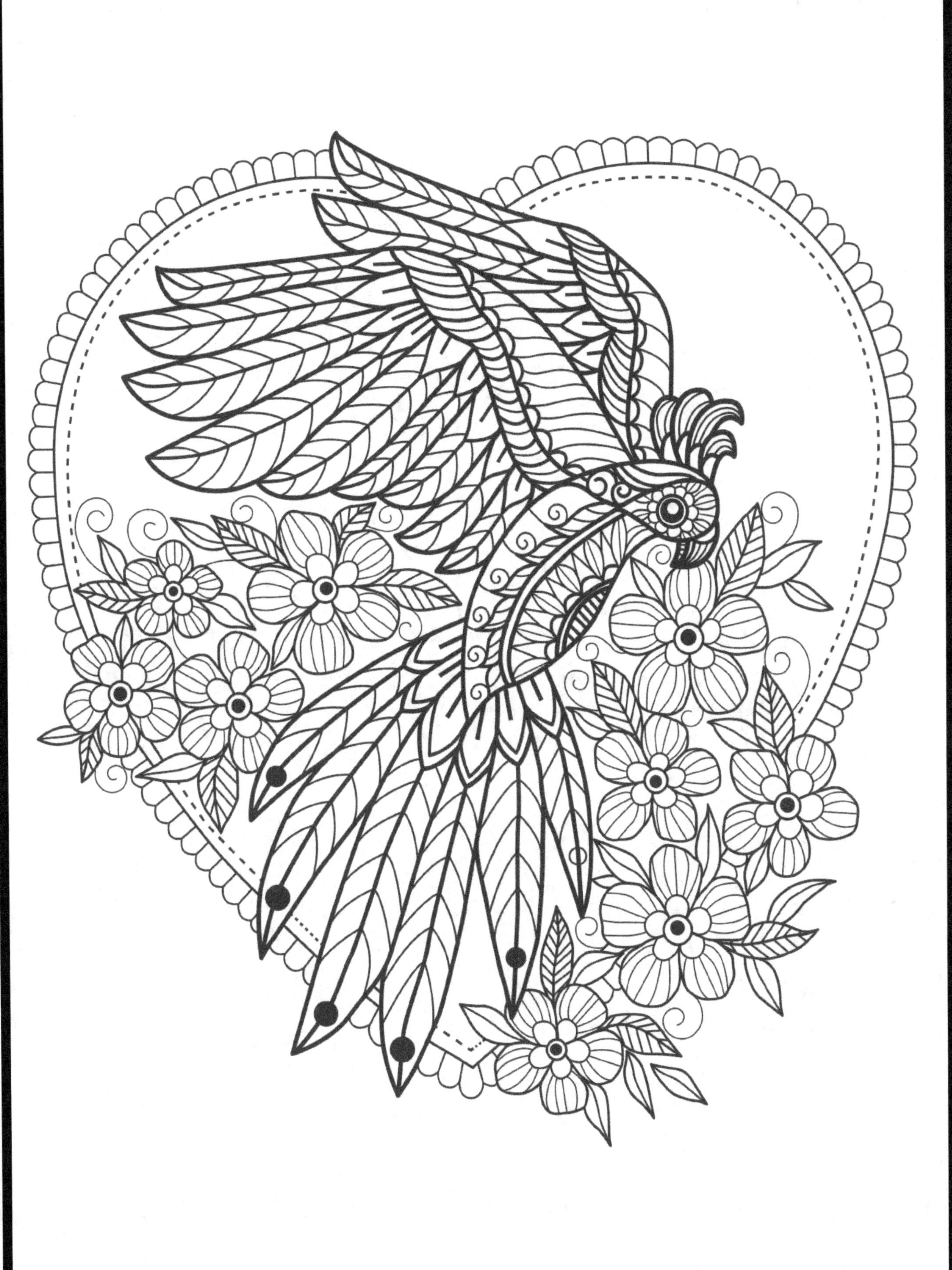

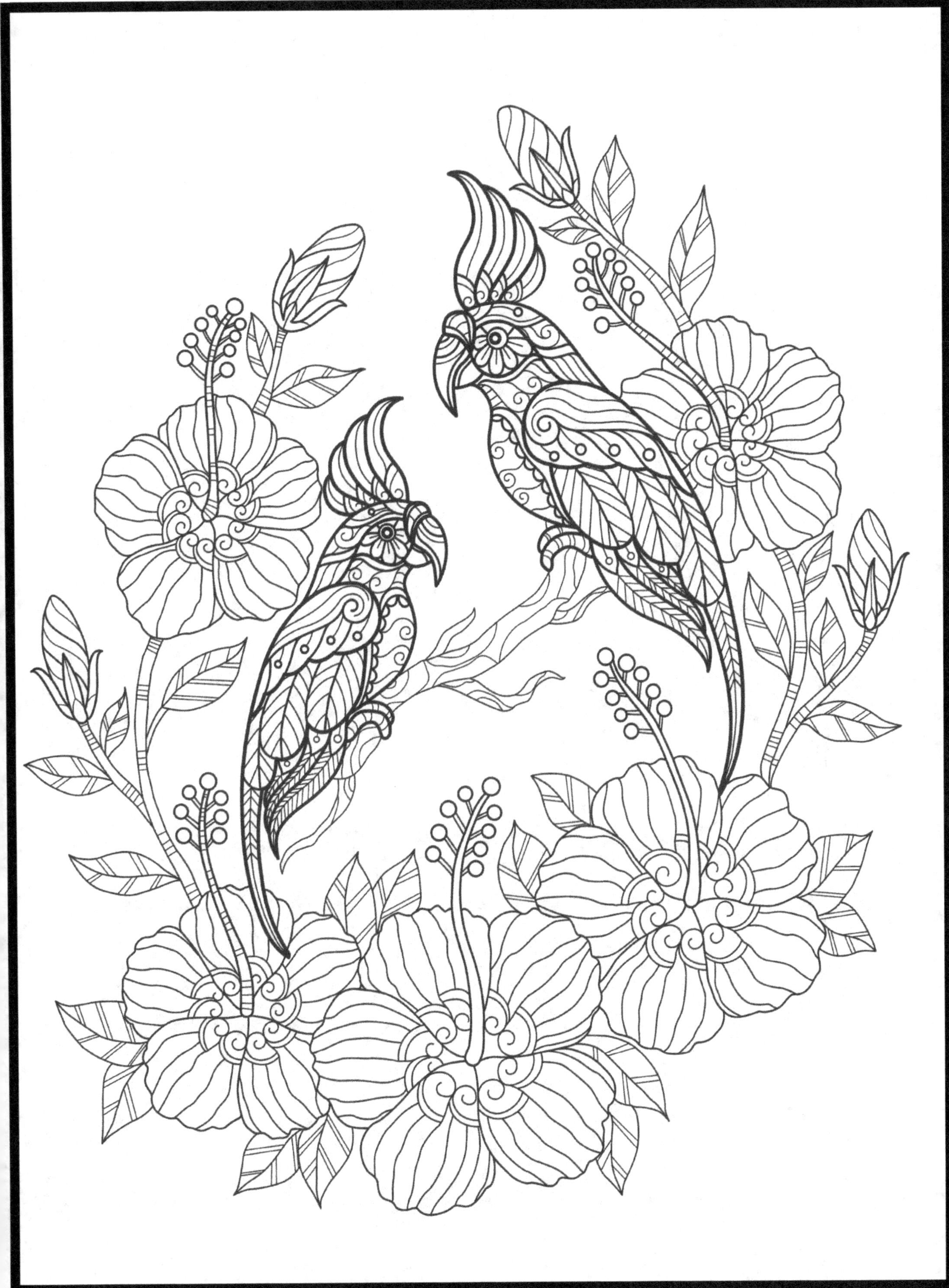

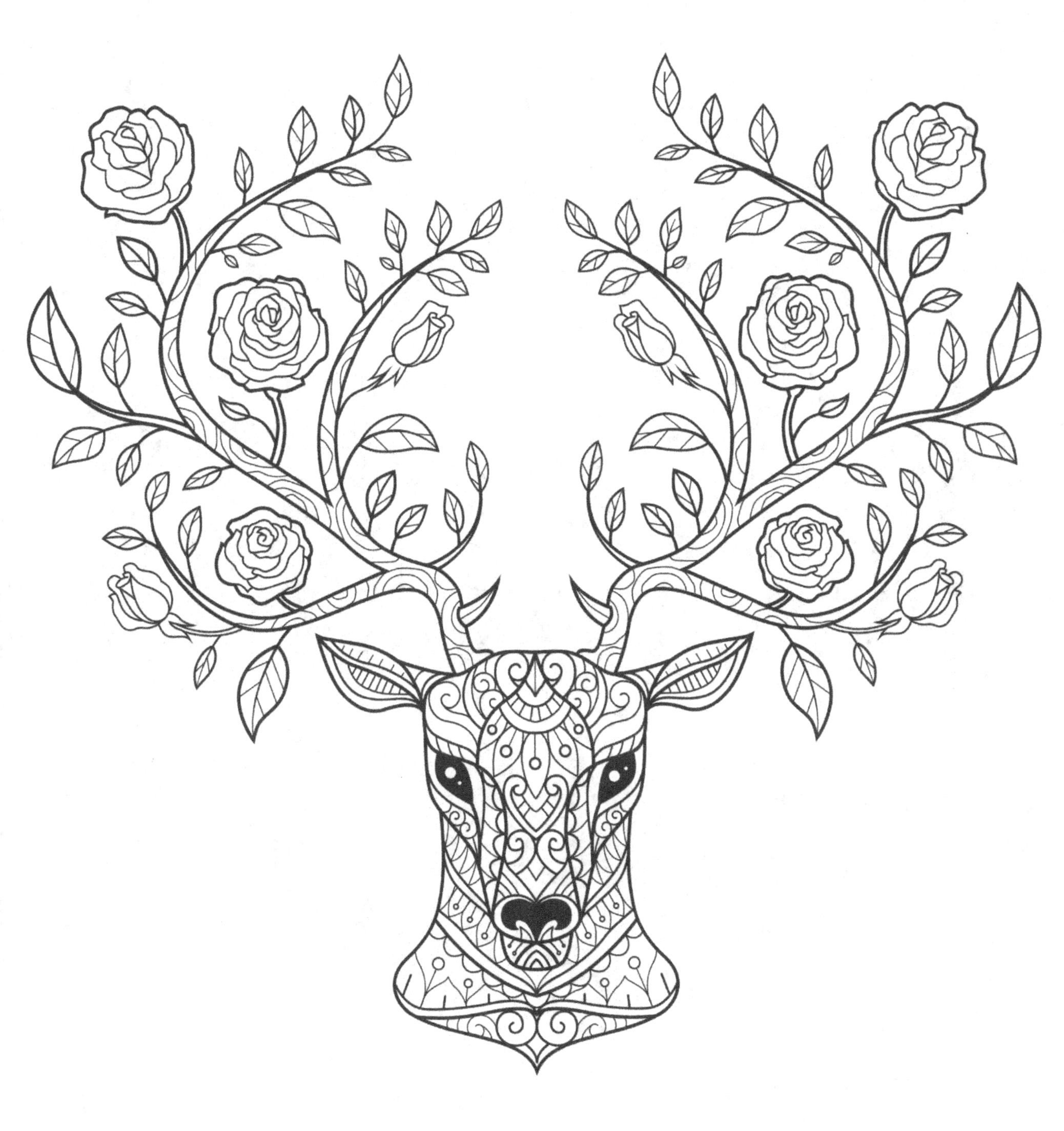

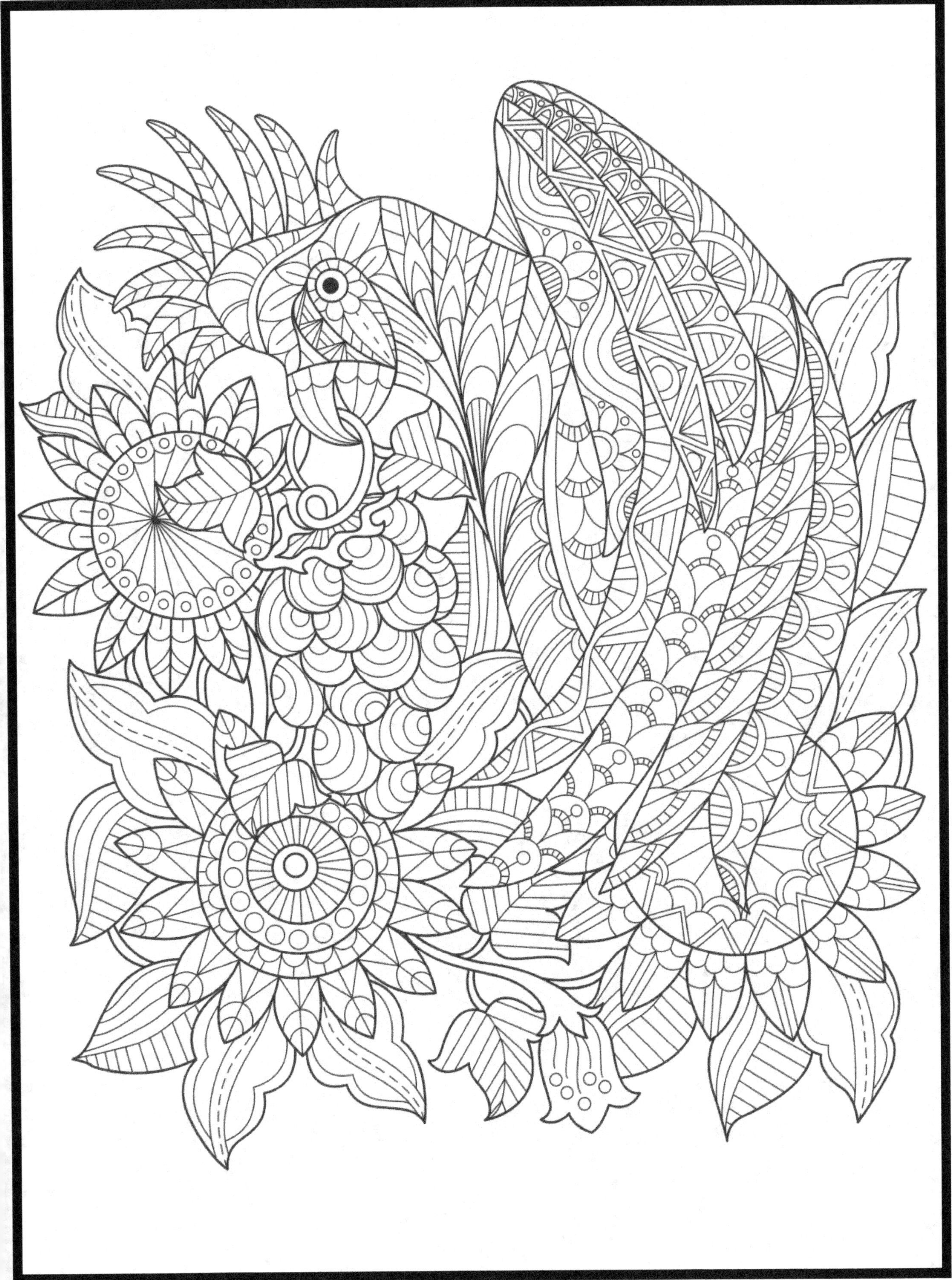

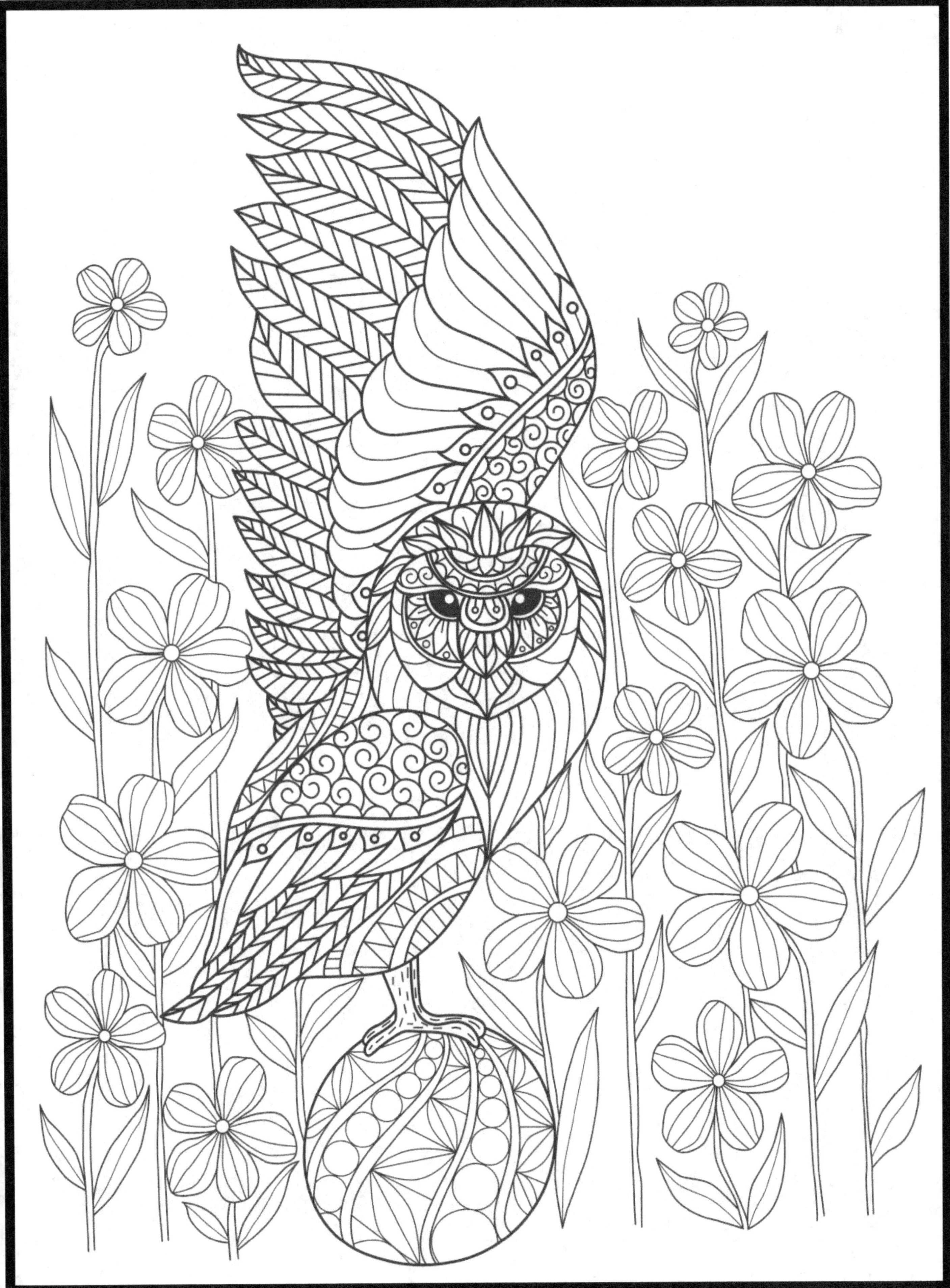

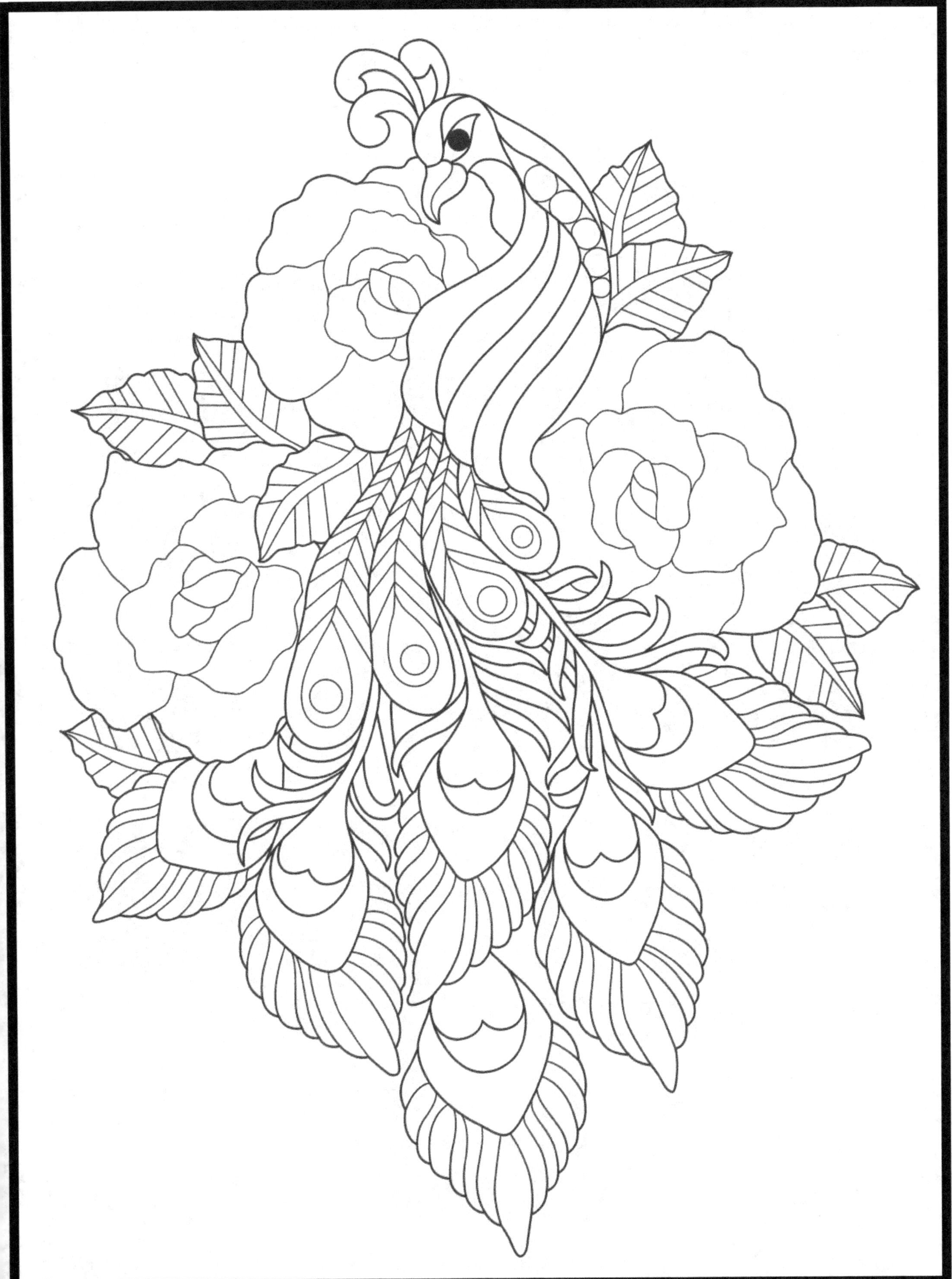

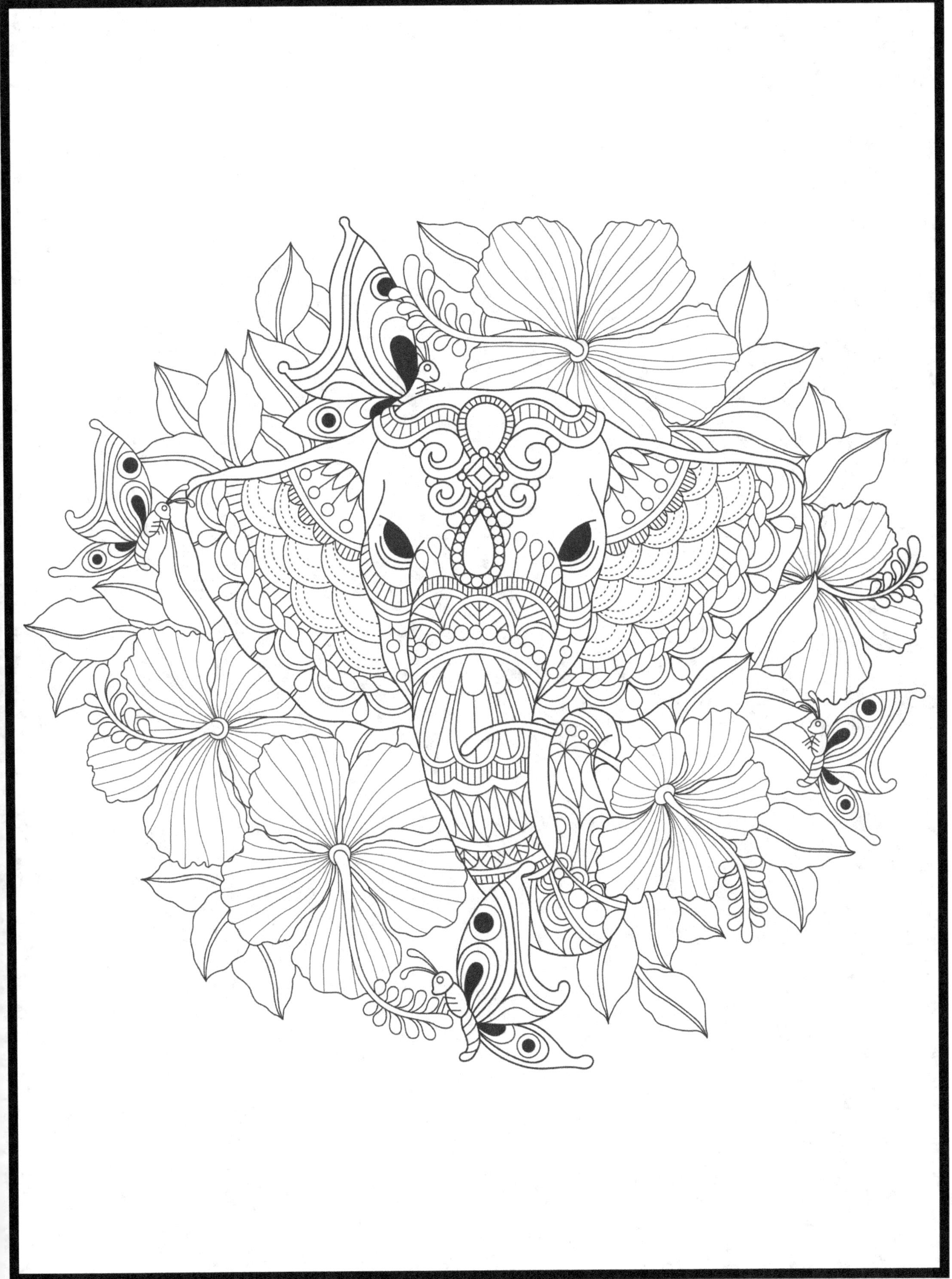

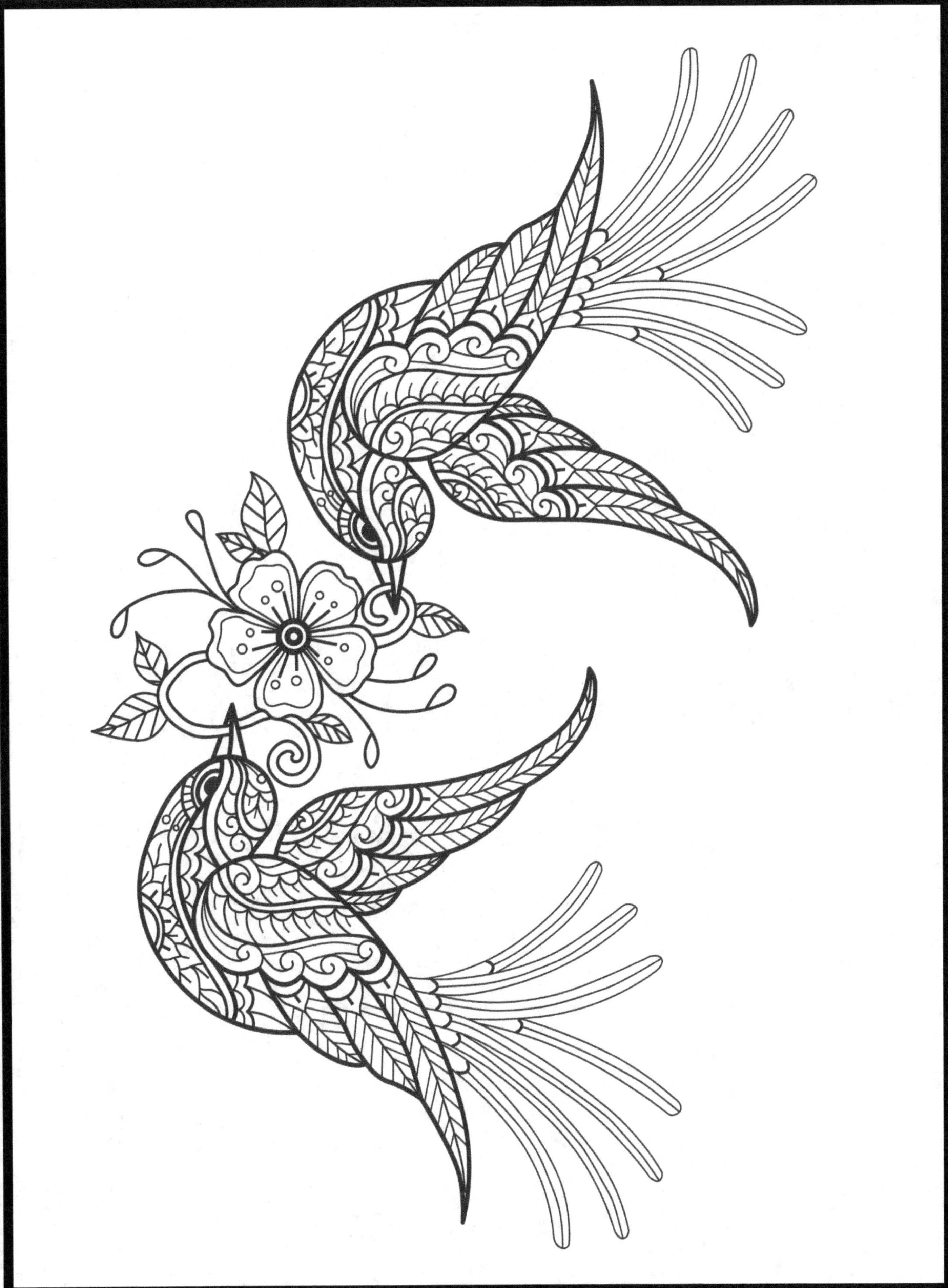

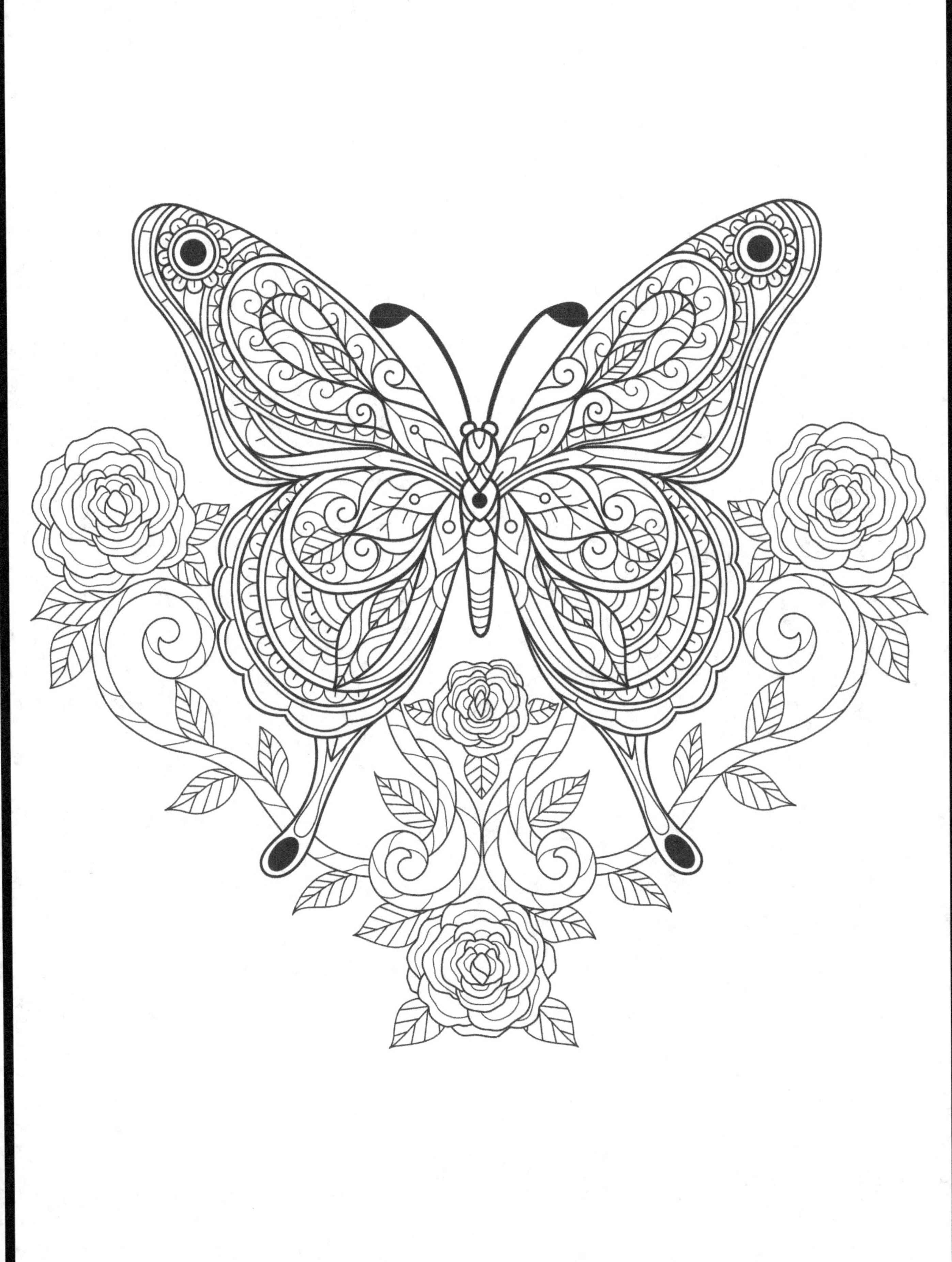

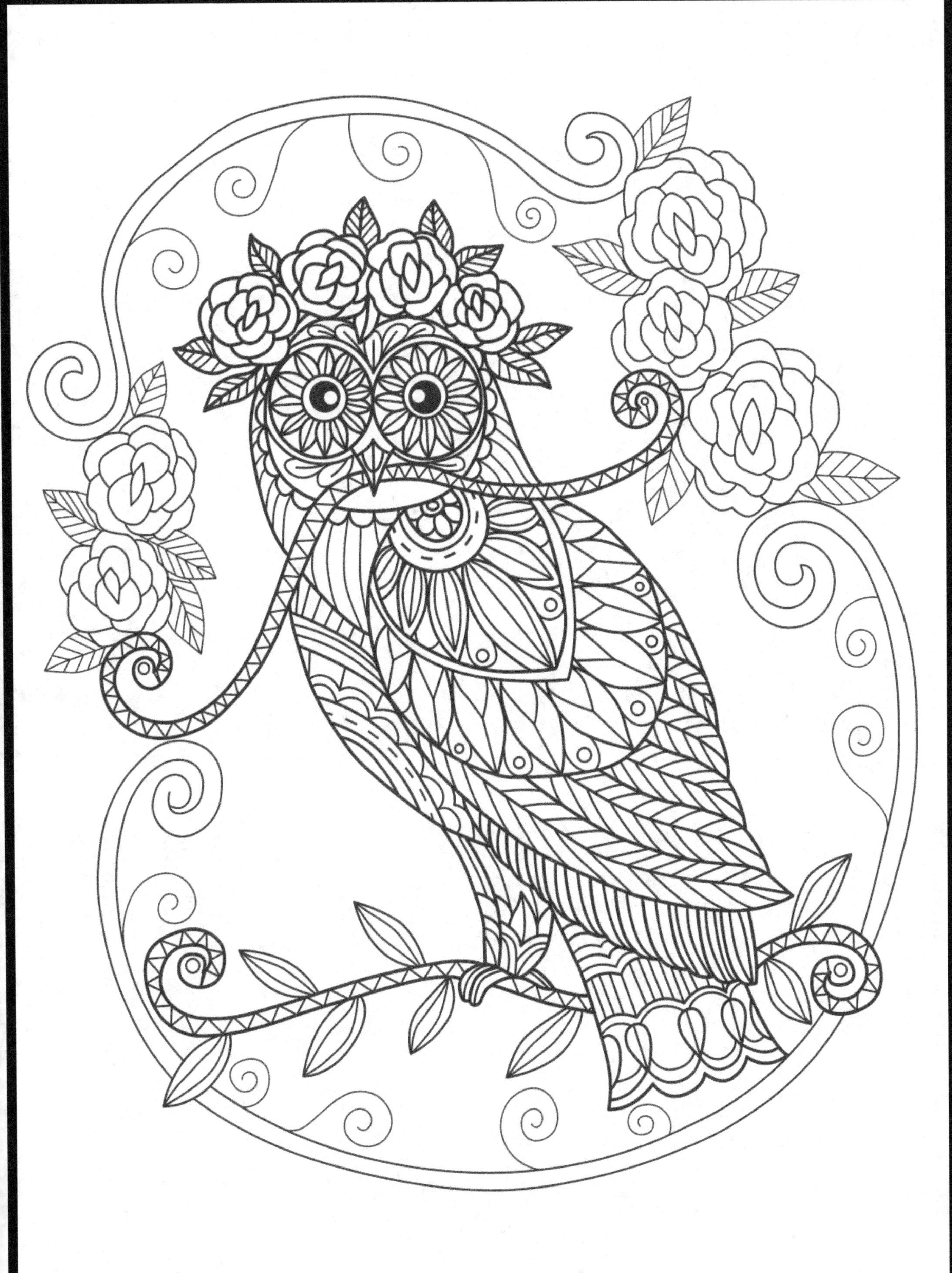

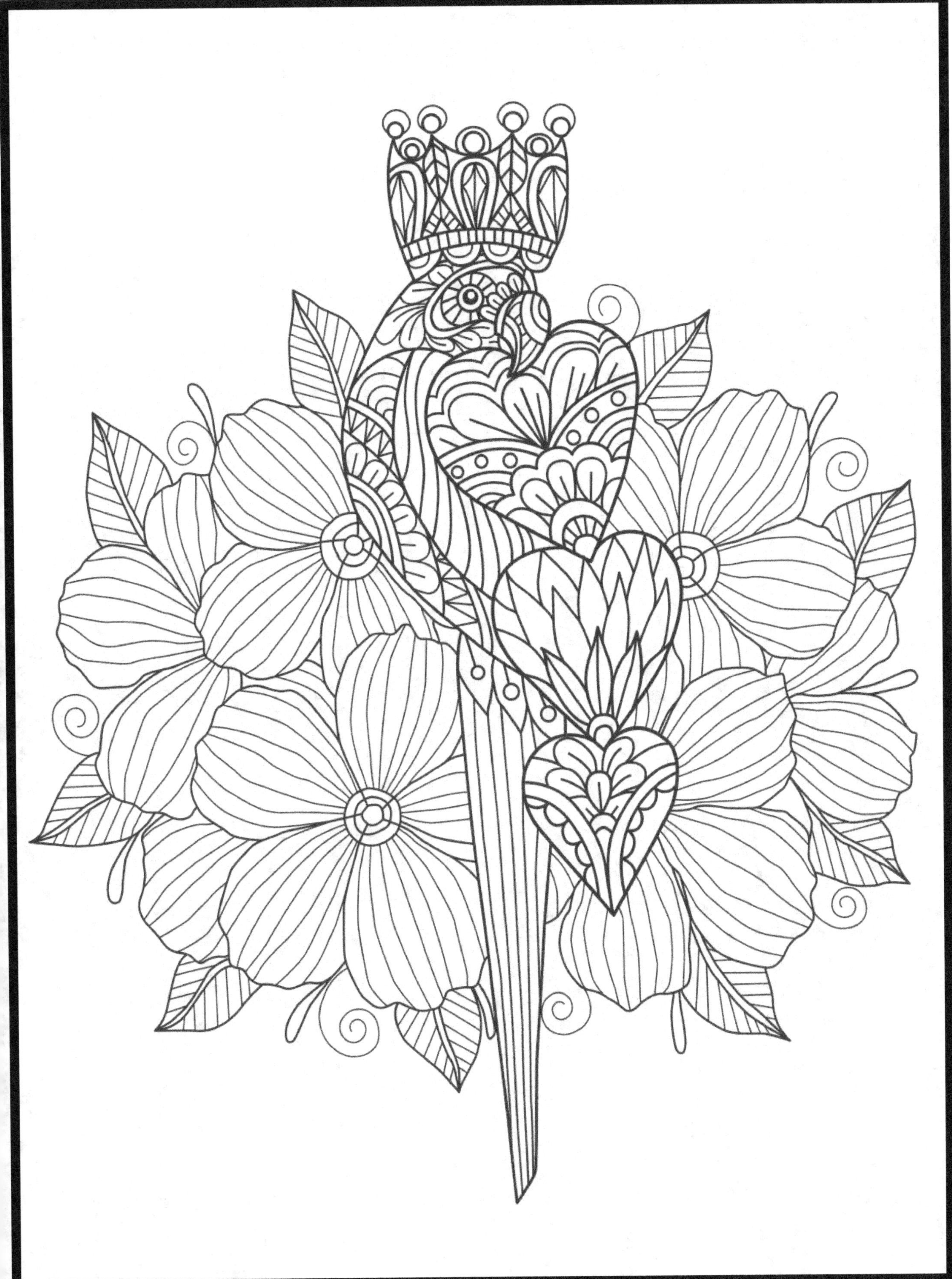

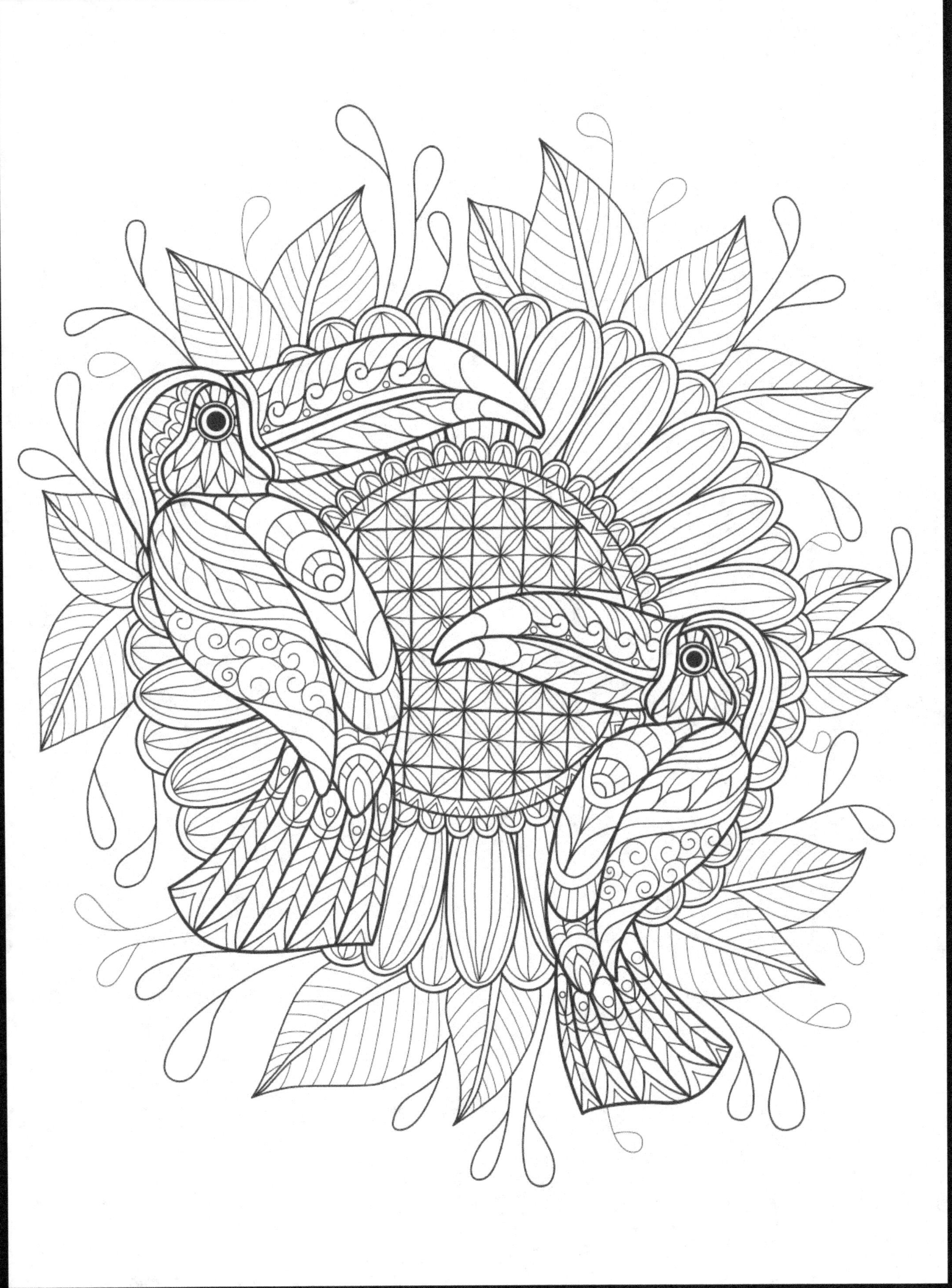

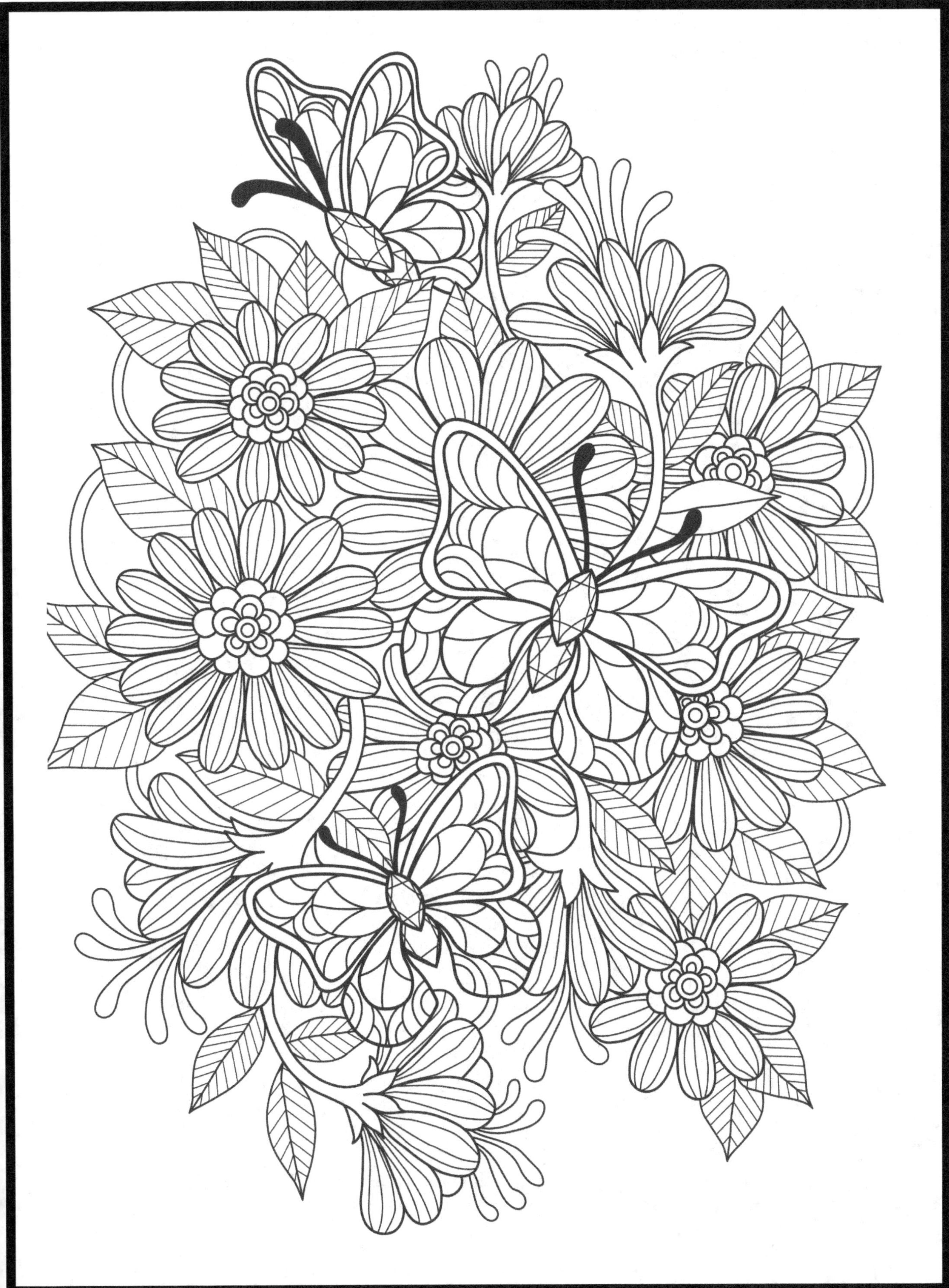

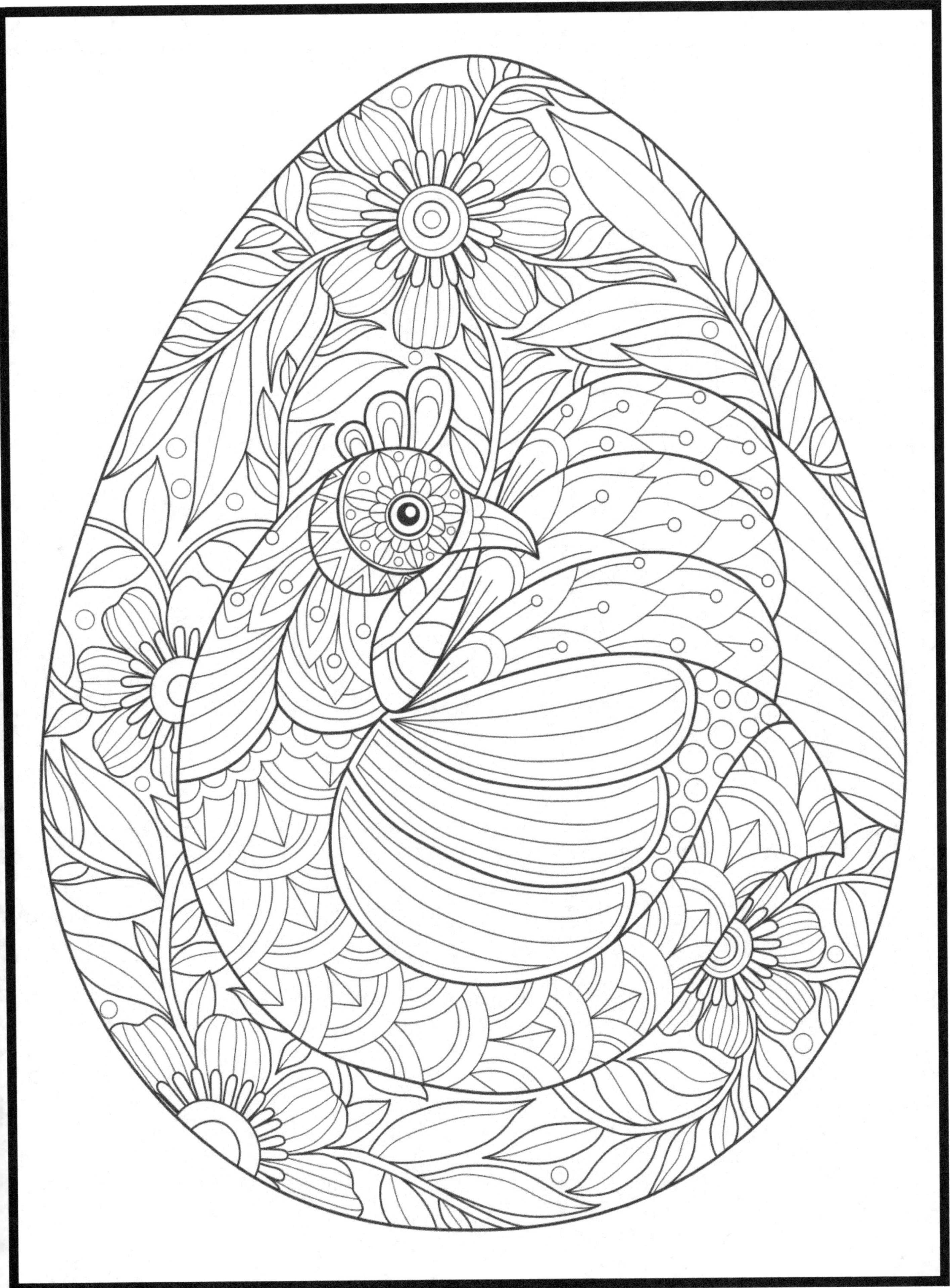

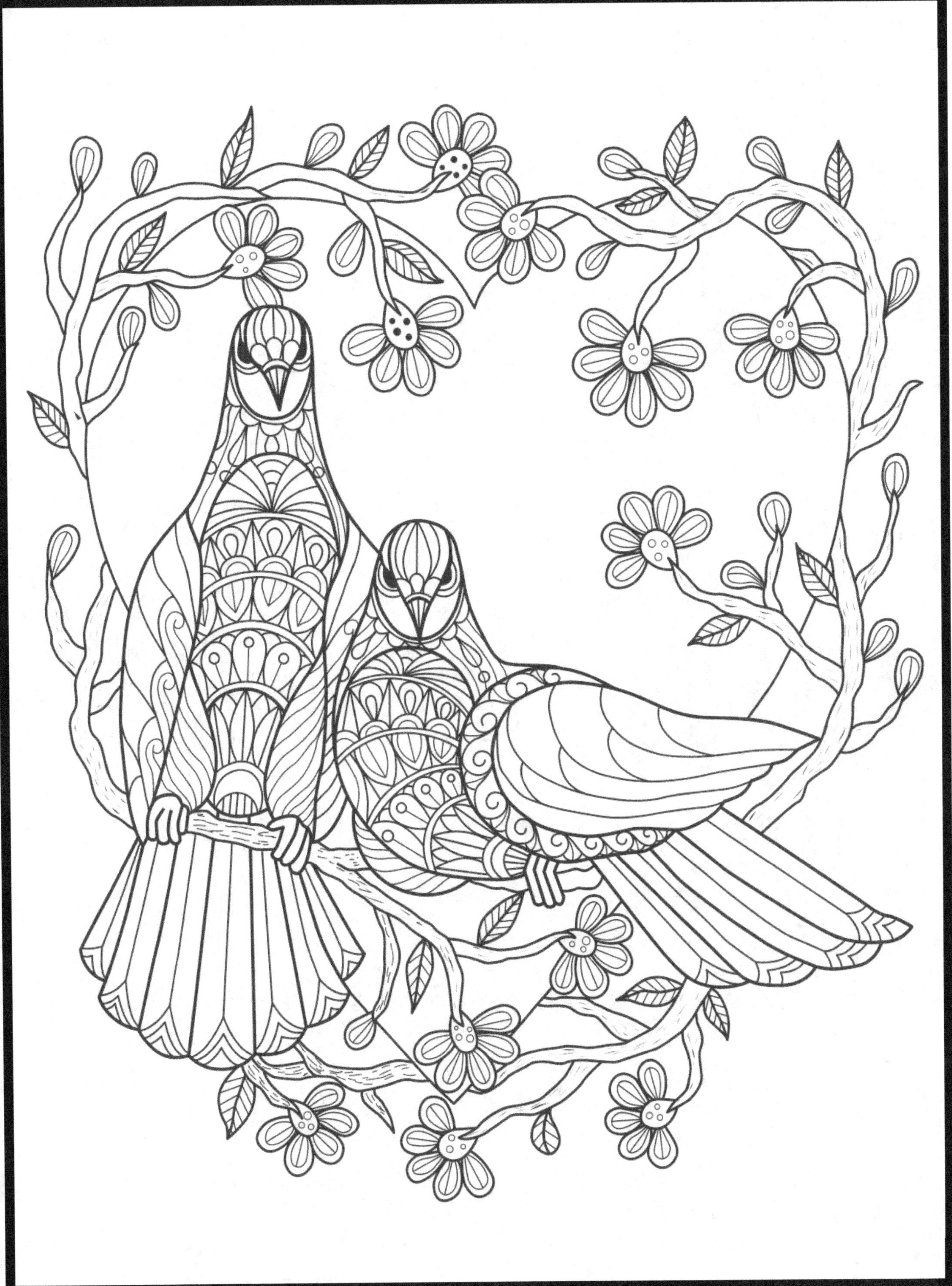

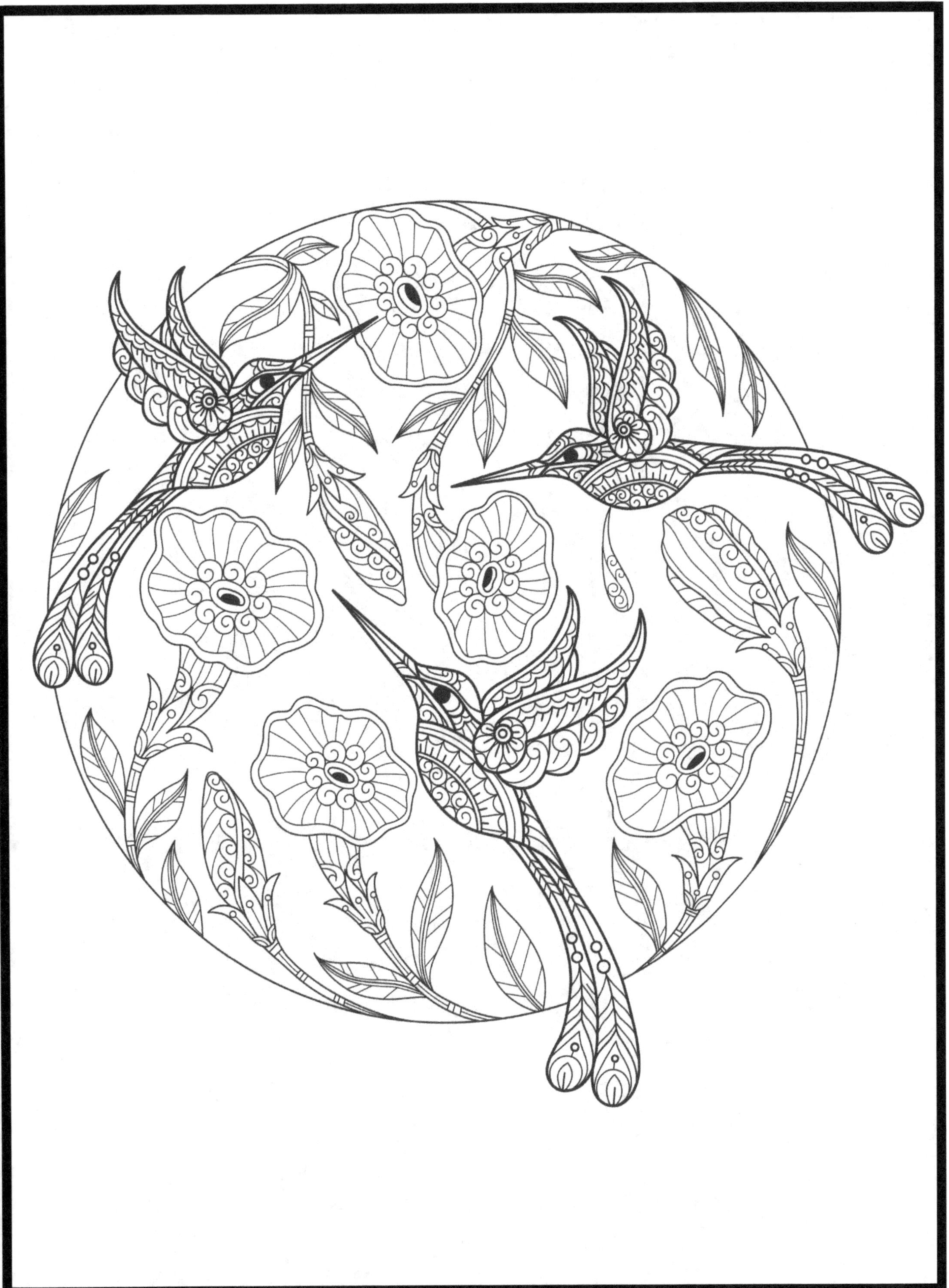

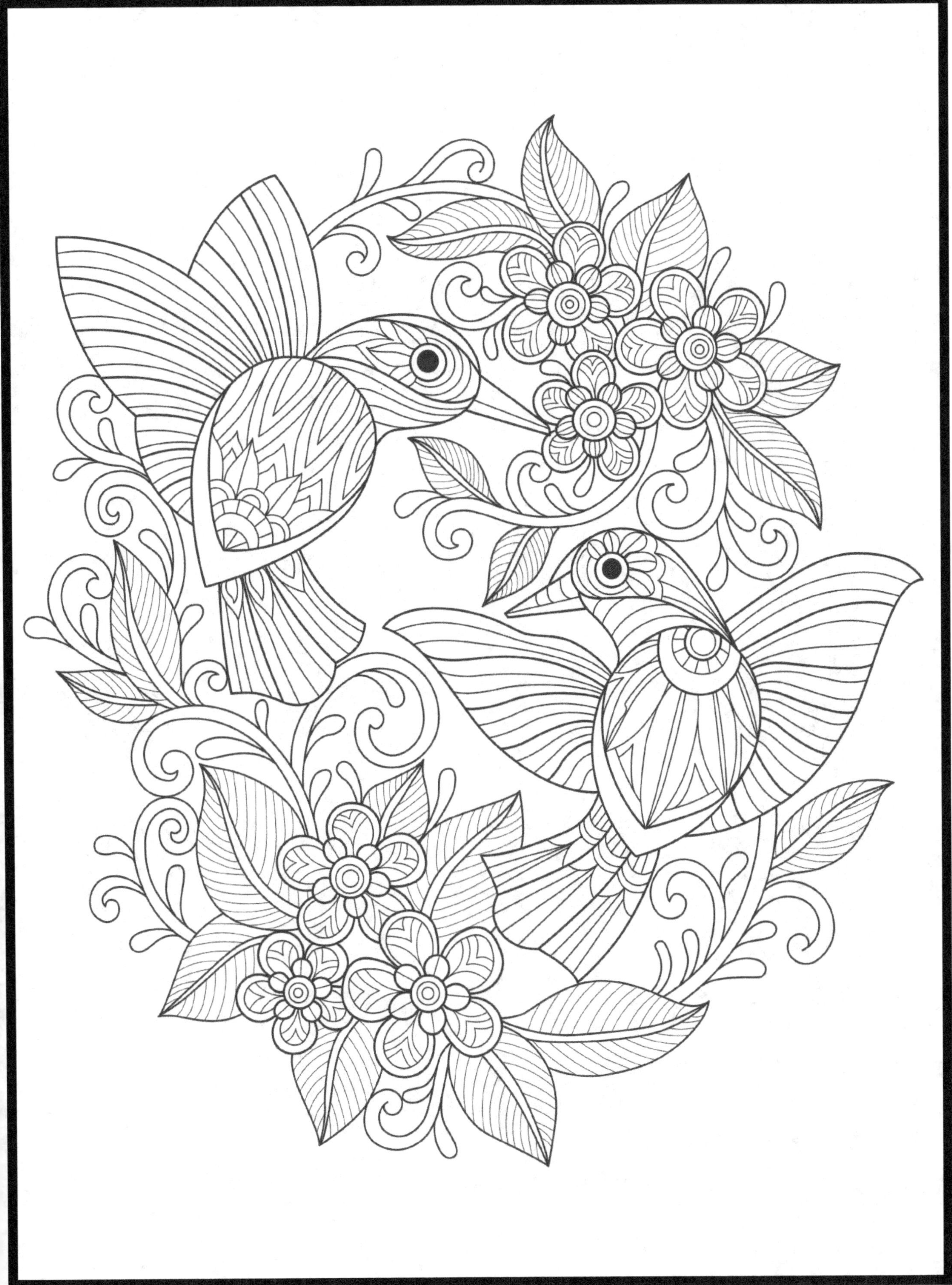

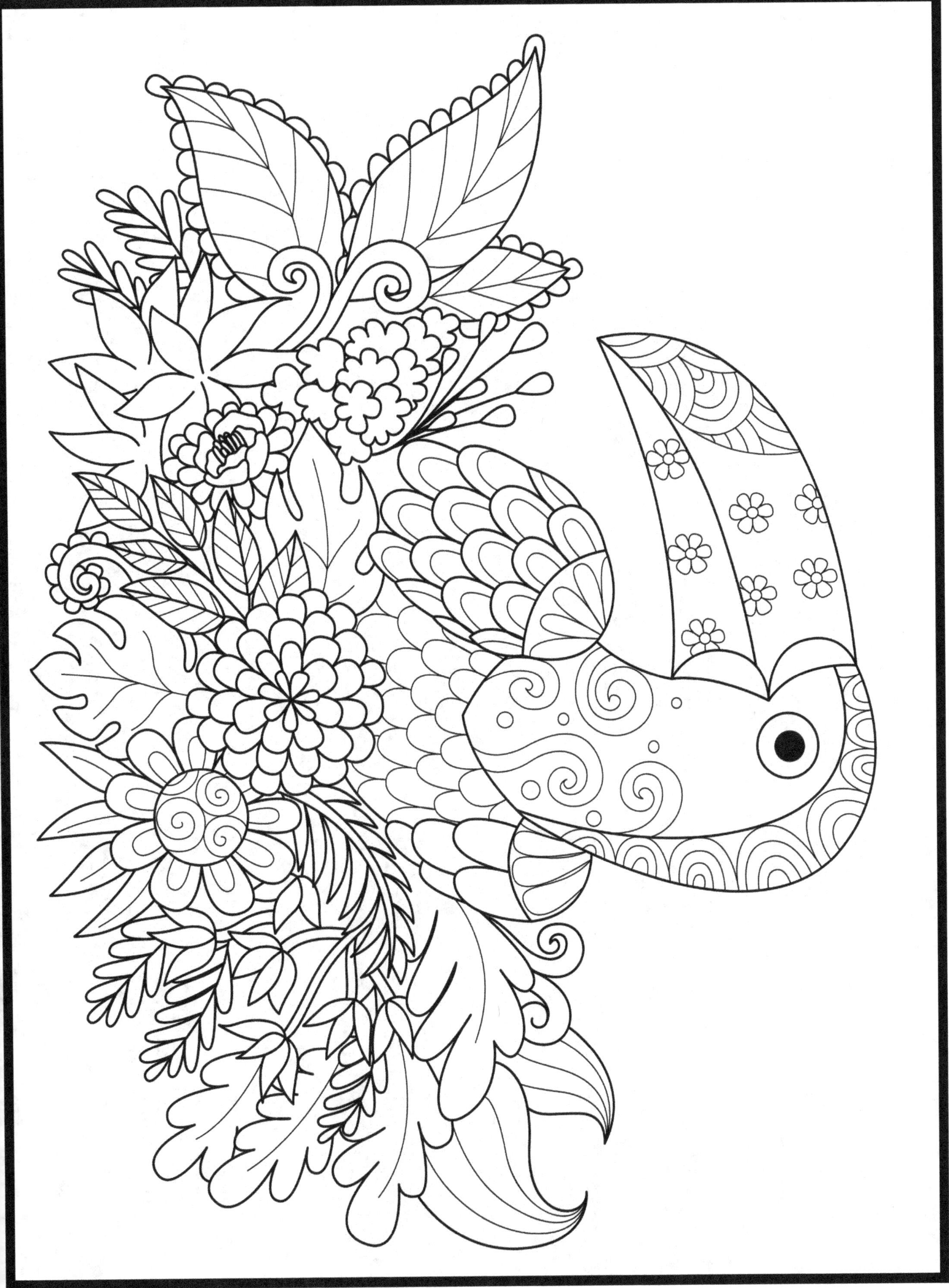

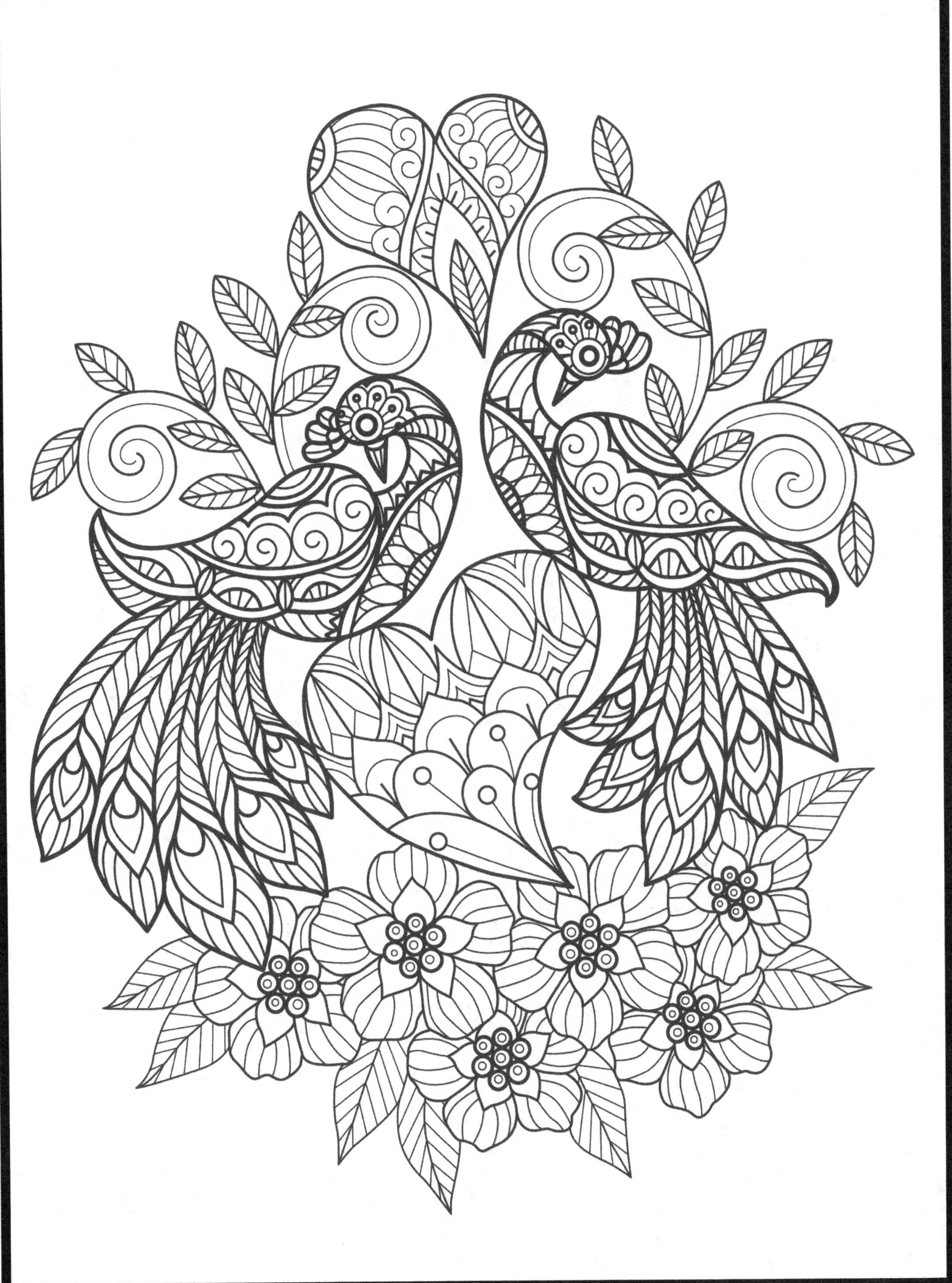

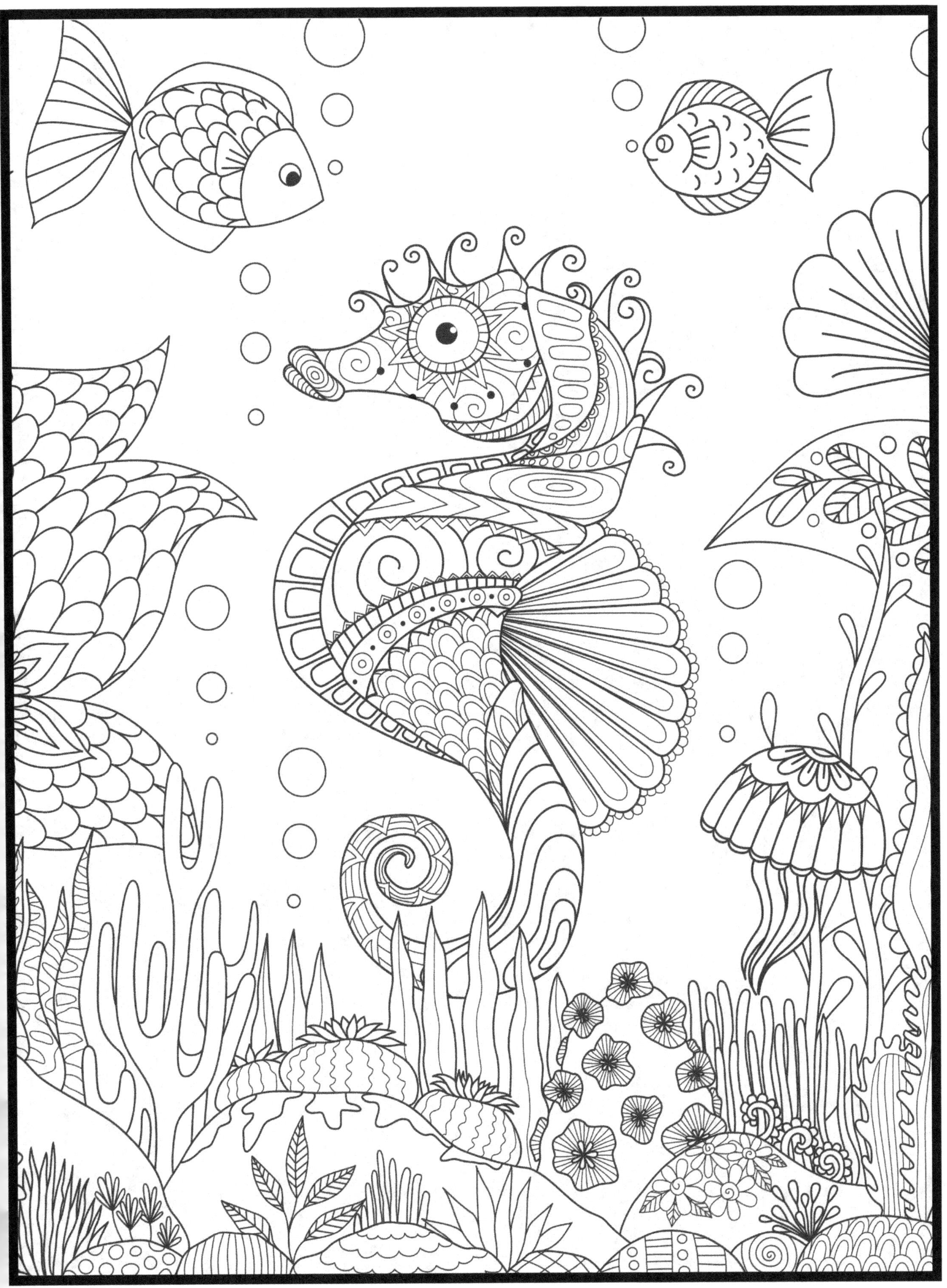

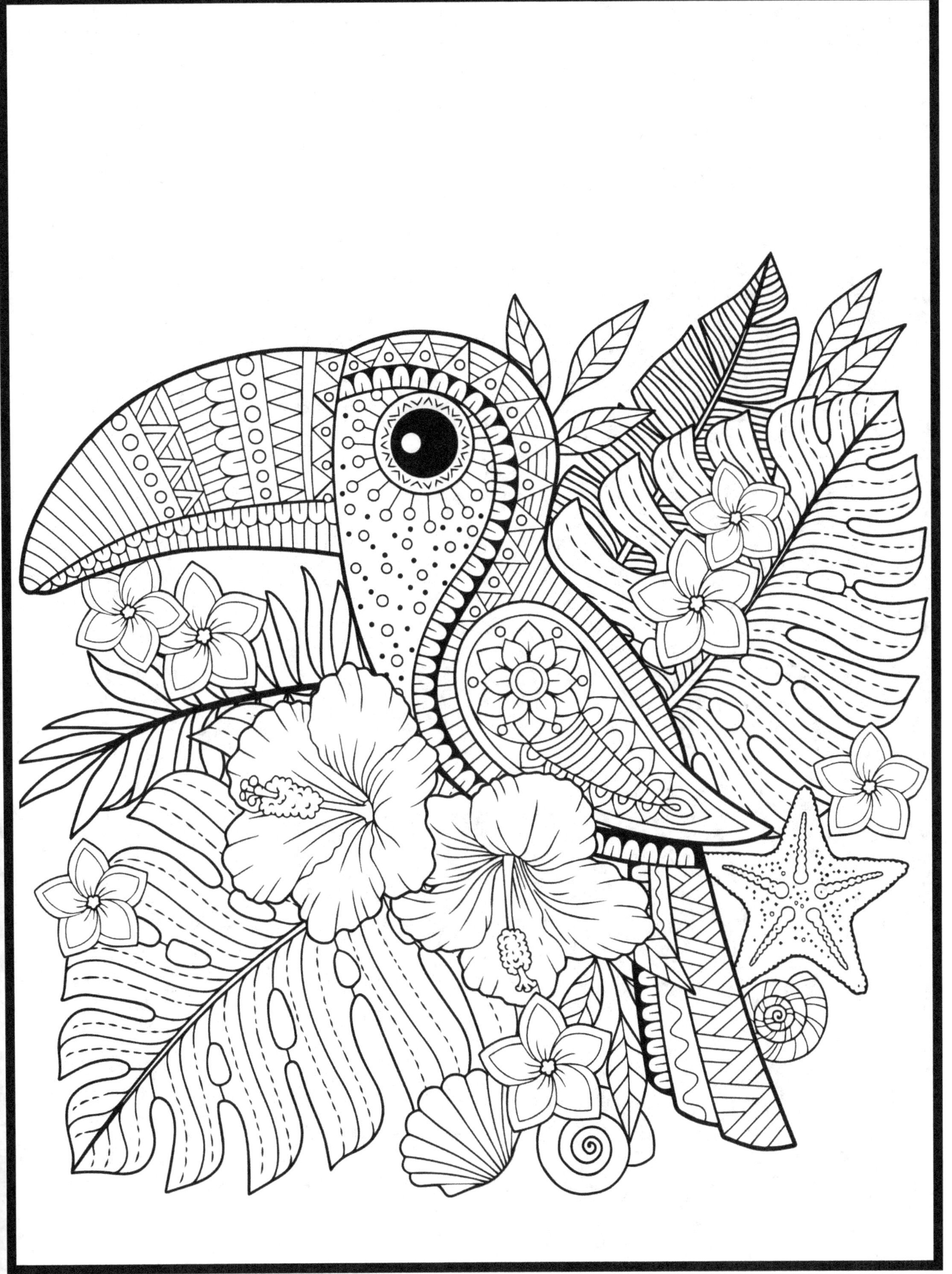

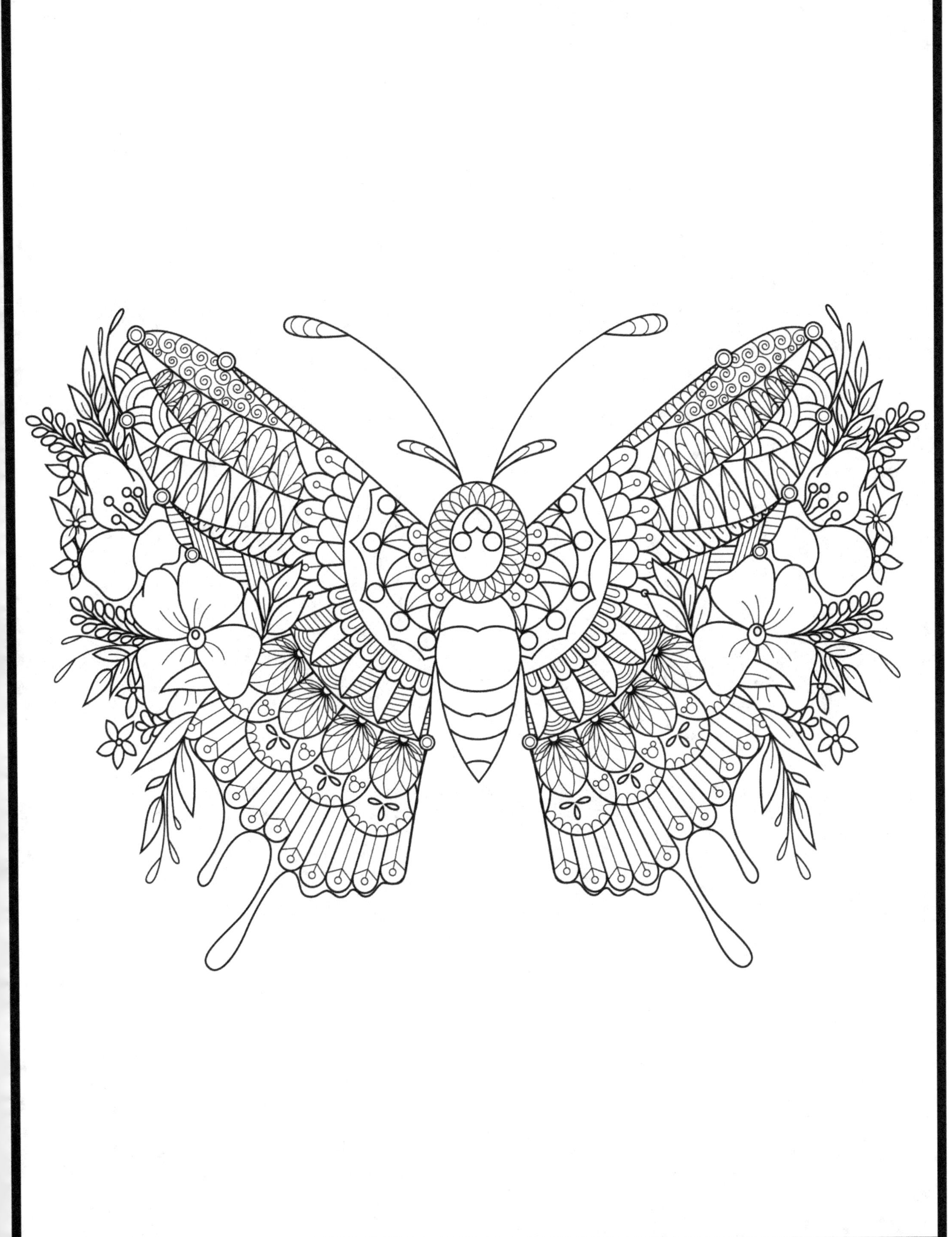

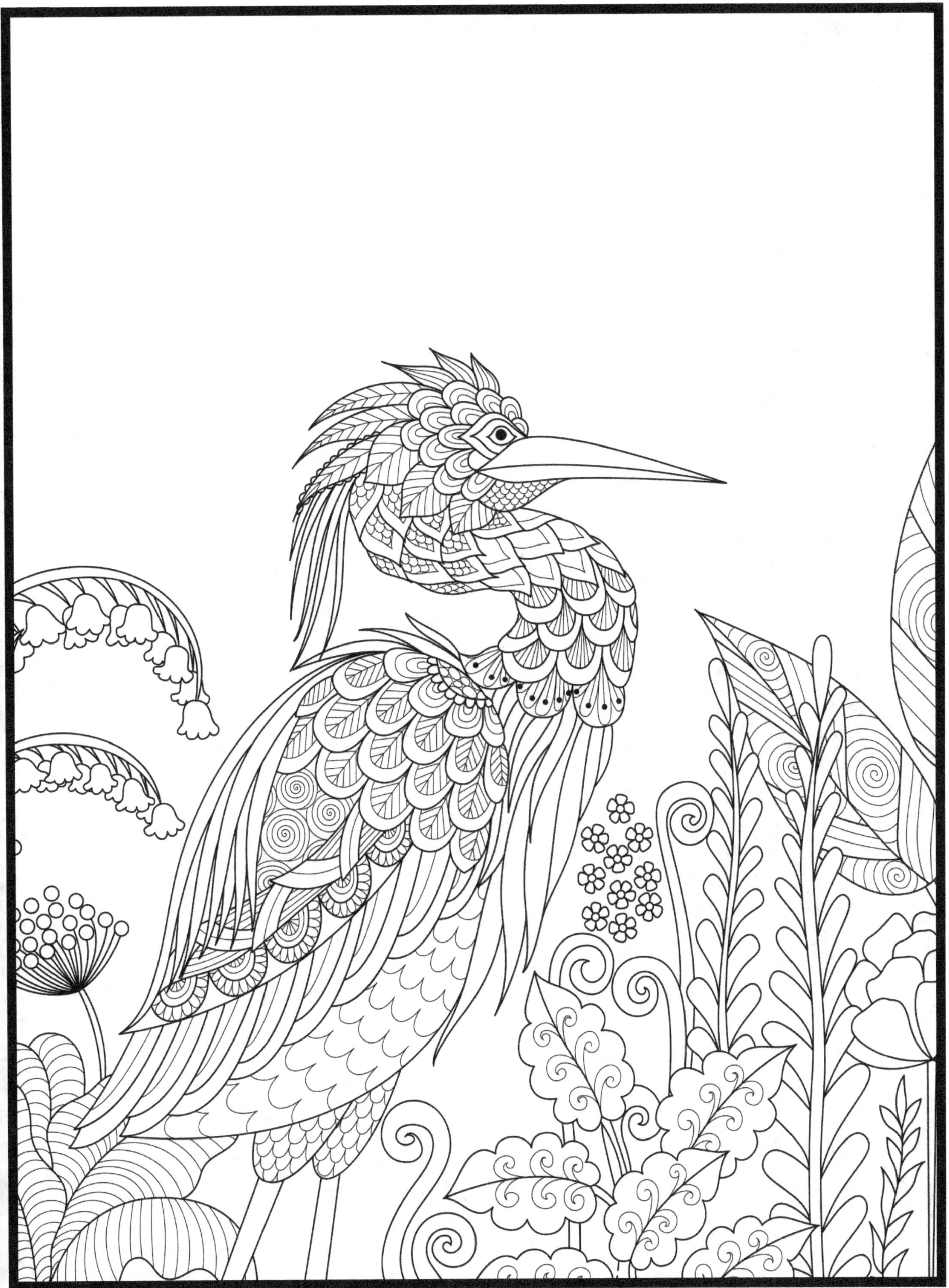

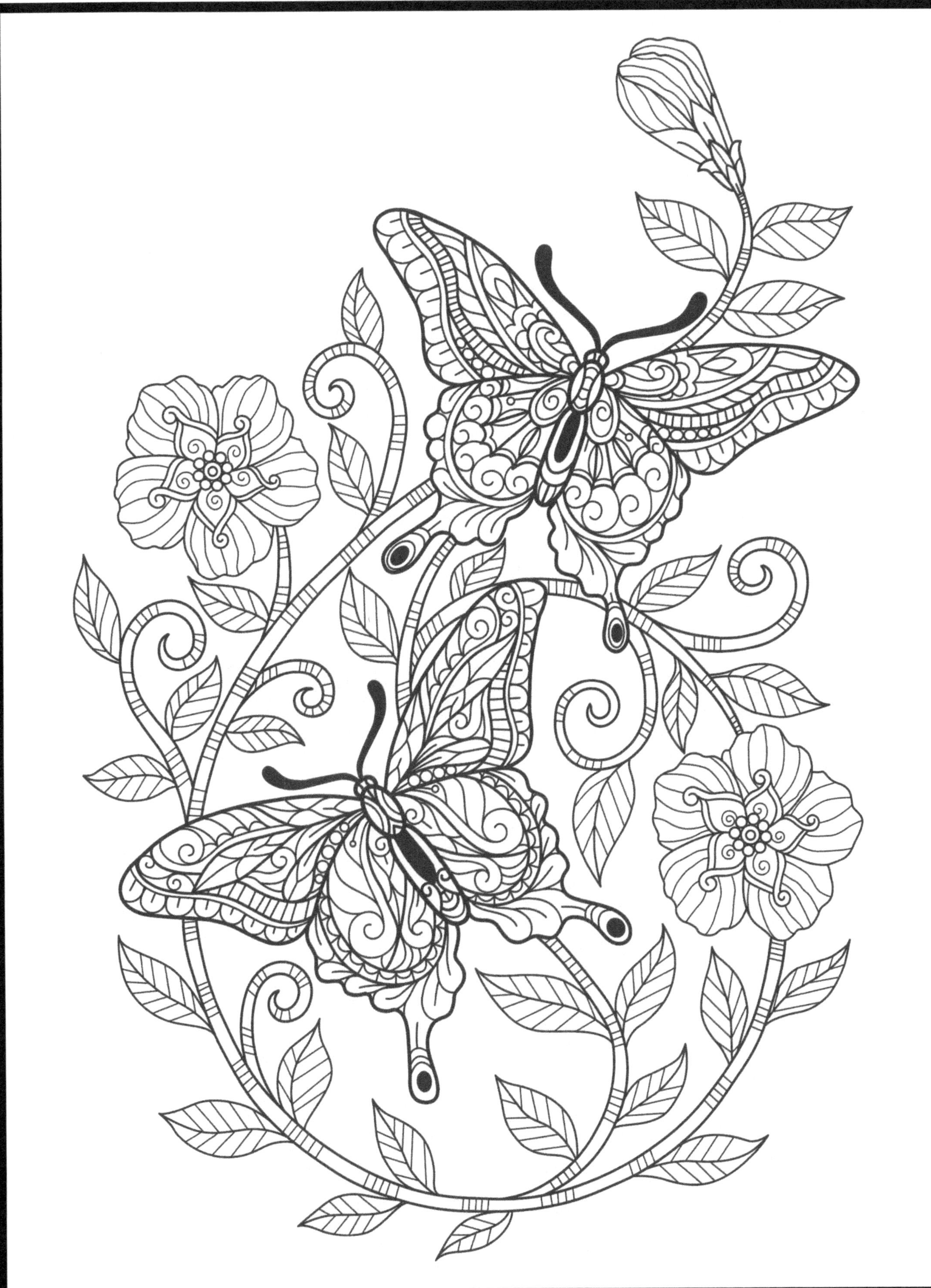

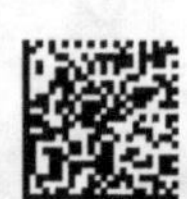